Sinnesmomente – Sinnmomente

Peter Wild

Sinnesmomente – Sinnmomente

Wie Spiritualität alltäglich wird

Patmos Verlag

VERLAGSGRUPPE PATMOS

PATMOS
ESCHBACH
GRÜNEWALD
THORBECKE
SCHWABEN

Die Verlagsgruppe
mit Sinn für das Leben

MIX
Papier aus verantwortungsvollen Quellen
FSC® C014496
FSC www.fsc.org

Für die Schwabenverlag AG ist Nachhaltigkeit ein wichtiger Maßstab ihres Handelns. Wir achten daher auf den Einsatz umweltschonender Ressourcen und Materialien.

www.patmos.de

Umschlaggestaltung: Finken & Bumiller, Stuttgart
Umschlagabbildung: Francesca Schellhaas/photocase.com
Druck: GGP Media GmbH, Pößneck
Hergestellt in Deutschland
ISBN 978-3-8436-0538-0 (Print)
ISBN 978-3-8436- 0539-7 (eBook)

Inhalt

Einleitung
Lauter Anfänge *oder:* Die Einladung zu leben

Trotzdem
könnte es ein Pfirsichtag werden
ein Blauburgunder-Traubentag
auch wenn die Hochkamine rauchen
die Hässlichkeiten stinken
könnte es
ein mostsüßer Birnentag werden
mit etwas Birnenglück
Werner Lutz[1]

Wann und wo beginnt eine spirituelle Erfahrung?

Diese Frage stellen sich viele, die einen spirituellen Weg gehen oder gehen möchten. Und was sie in den Büchern von Mystikerinnen und Mystikern lesen und in Unterweisungen von spirituellen Lehrerinnen und Lehrern vorgesetzt bekommen, klingt oft, als ob sie als erstes ihr gewohntes, alltägliches Leben verabschieden müssten. Dieses Buch *Sinnesmomente – Sinnmomente* setzt einen anderen Akzent: Die spirituelle Erfahrung beginnt mitten im Alltag, sie basiert auf der intensiven Sinneserfahrung. Wenn wir uns im Sehen, Hören, Berühren, Riechen, Schmecken auf die Erfahrung einlassen, ihr Raum geben und uns von ihr verwandeln lassen, setzt eine Entfaltung des Bewusstseins ein, die uns – früher oder später – auch in un-

erwartete Erfahrungsbereiche holen kann, aber nie den Bezug zum Alltag verliert.
Sinneserfahrungen vermitteln uns, wie reich und vielfältig unser Alltag ist – eine Art Versprechen im Hinblick auf den Reichtum und die Vielfalt der spirituellen Erfahrungen. Denn »Spiritualität« ist nicht ein eigener, von allen anderen Klängen abgehobener Klang, sondern einer, der in allem mitklingt; ein Klang, der vorerst nur ganz fein und überhörbar wahrgenommen wird, der aber je länger desto stärker in allen Klängen mitschwingt; ein Klang, der Verbindungen schafft, Melodien und Klangmuster entstehen lässt.
Sinne – welcher Sinn bestimmt mich am stärksten? Ist es das Ohr? Kann ich im Hören aufgehen, im Hören von Stimmen, von Musik, von Geräuschen? Wenn sich in diesen Tagen, an denen ich dieses Buch ausbrüte, der Frühling ein kräftiges Stück weiter durchsetzt: Nehme ich den Frühling über die Ohren wahr, den Gesang der Vögel, die Flüge der Insekten, die Stimmen der Kinder, die wieder ihre Plätze und Straßen erobern, die Gespräche der Passanten, die sich vor den Cafés an die Sonne setzen? Oder sehe ich den Frühling? Rieche ich seine Düfte, aus dem eigenen Garten und den umliegenden Gärten? Wenn der Sommer uns einholen wird, erfahre ich seine Ankunft über die Haut meiner Arme, sowohl die kraftvollen Sonnenstrahlen als auch den kühlen Wind gegen Abend? Und ich erinnere mich an den Winter, wenn die Schneedecke die Geräusche ins Unwirkliche dämpft …
Ich bin davon überzeugt, dass unsere spirituellen Erfahrungen auf den Sinneserfahrungen basieren. Sollte meine Überzeugung je Unterstützung brauchen, würde ich sie mir bei Gedichten von Werner Lutz ho-

len. Dies ist der Grund dafür, dass jedes Kapitel, auch diese Einleitung, mit einem seiner Gedichte beginnt. Das zu Beginn zitierte Gedicht stellt mit Pfirsichen, Trauben und Birnen ein Bild zusammen, das unsere Sinne und unsere sinnlich geprägten Erinnerungen weckt.

Werner Lutz – ganz im Sinne meines Verständnisses von Spiritualität – hebt nicht ab; die Fabriken mit all ihren unangenehmen Nebenerscheinungen sind im Gedicht ebenfalls vorhanden. Sich auf die Sinne einzulassen, sich dem Reichtum des Lebens zuzuwenden ist eine bewusste Entscheidung, ein »trotzdem«, wie es gleich in der ersten Zeile des Gedichtes heißt.

Sinne, Sinneserfahrung, Sinnlichkeit – das klingt einladend und einfach. Auf den ersten Blick! Bei genauerem Hinschauen wird aber deutlich, dass vielen von uns diese Einfachheit nicht mehr zur Verfügung steht. Es sind vor allem Wunschvorstellungen, Perfektionismus und Routine, die sich querstellen und eine einfache Hingabe an die Sinneswahrnehmungen verhindern. Es ist, als ob wir auch die Wahrnehmungen wiederentdecken müssten. So wie Urlaubstage uns sinnlichen Freiraum schenken können, bietet auch dieses Buch Freiraum, Erfahrungsraum, Neu- und Wiederentdeckungen.

Weiterhin bin ich überzeugt, dass wir alle über einen Stammbaum von Anfängen verfügen.

Ich kann mir vorstellen, dass die Lektüre dieses Buches eine Art Anfang bedeutet: der Wunsch, das eigene Leben besser zu verstehen, und die Sehnsucht, spiritueller zu leben. Dieser Anfang hat aber bestimmt eine Vorgeschichte, und zwar in vielen anderen Anfängen. Wie viel ist uns schon aufgegangen und hat uns jeweils

einen neuen Zugang zu uns und unserem Leben ermöglicht – einen Zugang, der manchmal für eine längere Zeitspanne, manchmal nur für wenige Tage begehbar blieb. Wir sollten diesen Anfängen nachgehen, mindestens so weit wir uns an sie erinnern, und sogar noch weiter. Die Anfänge in unserer Jugend, die Anfänge in unserer Kindheit: Es ist falsch, sie als jugendlich oder kindlich wegzuschieben; denn sie besitzen eine sehr große Kraft, weil wir als Kinder und Jugendliche meistens noch unverstellt in den Wahrnehmungen lebten.
Robert Lax, ein amerikanischer Lyriker, eröffnet *Circus of the Sun,* den Gedichtband über seine Zirkuserfahrungen, mit dem Gedicht:

> Manchmal begeben wir uns auf eine Suche
> und wissen nicht, wonach wir Ausschau halten,
> bis wir wieder zu unserem Anfang kommen.[2]

Robert Lax hat als Kind dem alljährlichen Auftauchen des Zirkus in seinem Heimatort entgegengefiebert. Als er als Erwachsener und als Journalist mit einem Zirkus durch Kanada zog, entdeckte er, dass seine Faszination für den Zirkus auf diese kindlichen Anfänge zurückgeht. Nur wenn er den kleinen Jungen, der in Olean auf den Zirkus gewartet hat, in seinen Wahrnehmungen respektiert, kann er verstehen, was die Zirkuswelt in ihm als Erwachsenem auslöst.
So, wie Robert Lax das Gedicht formuliert, erhält seine Aussage eine Gültigkeit, die weit über die Zirkuswelt hinausreicht. Es geht ihm um die provozierende Frage: Kennen wir die (wirklichen) Anfänge unserer Anfänge?

Im spirituellen, jüdisch-christlich geprägten Weltbild von Robert Lax bedeutet diese Frage: Jedem unserer Anfänge – auch dem Anfang dieser Lektüre – geht ein ganz anderer Anfang voraus, eine Initiative von der »anderen«, der göttlichen Seite. Unser Anfangen ist »nur« eine Reaktion auf die göttliche Anfrage. Mit anderen Worten: Hinter der provozierenden Frage nach den Anfängen steht das tiefe Vertrauen von Robert Lax, geborgen zu sein. Unser Stammbaum von Anfängen wurzelt in der Erfahrung, dass Gott uns wesentlich zugewandt ist.

Sinnesmomente – Sinnmomente ist ein Buch, das erfüllt ist vom Wunsch, als Buch zurückzutreten und zu verschwinden. Denn das Entscheidende geschieht nicht während der Lektüre, sondern im Alltag, außerhalb der Lektüre. Deshalb schließt jedes Kapitel mit Einladungen: mit Impulsen, sich auf den konkreten Alltag, auf das einmalige persönliche Leben einzulassen, die Sinne zu leben und dem mit dem eigenen Leben verknüpften Sinn nachzuspüren. Mein Wunsch, dass dieses kleine Buch ankommt, ist deshalb ein Wunsch, der nicht auf die Lektüre beschränkt bleibt.

Peter Wild
Juli 2014

Kapitel 1
Unter der Hand *oder:* Die Kunst der Wahrnehmung

Kaum einer
geht behutsam mit sich um
legt seine Hand
auf die andere Hand
gibt die Wärme
und nimmt die Wärme
der einen
mit der anderen Hand

Werner Lutz[3]

Einstimmung: einfach sitzen

Setzen Sie sich in einen Raum, in dem Sie sich wohlfühlen und in dem Sie ungestört verweilen können; setzen Sie sich so hin, dass Sie zur Ruhe kommen; drücken Sie mit Ihrer Art zu sitzen den Wunsch aus, zur Ruhe zu kommen.

Legen Sie dann Ihre Hände in den Schoß – mit dieser sprachlichen Wendung beschreiben wir nicht nur eine äußere Armhaltung, sondern auch eine innere Haltung: Wir sind passiv, wir packen nichts an, unsere Hände bleiben untätig.

Nehmen Sie sich wahr: Gelingt es Ihnen, sich auf diese Passivität einzulassen? Oder tauchen noch wichtige Aufgaben auf, die erledigt sein wollen, bevor Sie sich der Ruhe hingeben?

Nehmen Sie sich wahr: Manchmal kann der Wunsch, uns der Ruhe zu widmen, zunächst das Gegenteil auslösen; in unserem Kopf und unserem Herzen kommen und gehen die Gedanken wie verrückt, ganz laut, sie übertönen jegliche Ruhe … Scheint es dann nicht besser zu sein, die Ruhe abzubrechen und aufzustehen? Macht es für Sie Sinn, bei diesem inneren Lärm die Ruhe aufrecht zu halten?

Lenken Sie die Aufmerksamkeit zu Ihren Händen: Vertrauen Sie sich der Zweisamkeit, Unbeweglichkeit und Ruhe Ihrer Hände an. So lange, wie Sie Lust dazu haben.

Falls Ihnen ein solches Sitzen bereits vertraut ist, pflegen Sie es bewusst; dehnen Sie die Zeit aus. Falls es Ihnen nicht vertraut ist, probieren Sie es aus. Wenn Sie es als Einengung erleben, bleiben Sie bitte nur kurze Zeit in diesem Sitzen; wenn Sie sich daran gewöhnt haben und es nicht mehr als unangenehm erleben, beginnen Sie etwas länger zu verweilen.

Geben Sie Ihrem Sitzen einen Namen. Der Name kann beschreiben, was Sie im Sitzen erleben oder erfahren möchten. Der Name kann zum Wunsch werden, der Sie zum Sitzen einlädt.

Markthallen oder die Kunst der Wahrnehmung

Mein erster Gedankengang ist der folgende: Woher gewinnen spirituelle Erfarungen ihre Bedeutung und worauf basieren sie? Basieren sie mehr auf »Spiritualität« oder basieren sie mehr auf »Erfahrung«?
Nach meiner Überzeugung verdanken sich spirituelle Erfahrungen eindeutig der Erfahrung, und Erfahrungen wiederum verdanken sich unseren sinnlichen Wahrnehmungen. Tag für Tag, Augenblick für Augenblick, bewusst oder kaum bewusst, orientieren wir uns über die Sinne. Wie ausschlaggebend und bereichernd dies ist, merken wir an den Tagen, an denen unsere Sinne wirklich im Mittelpunkt stehen dürfen. An Ferientagen beispielsweise, wenn die alltägliche Routine uns in den Freiraum der Erfahrung entlässt.
Ich möchte deshalb dieses Kapitel über die Wahrnehmung mit Erinnerungen an einen Urlaub beginnen, der für mich noch nicht weit zurückliegt. Mit einem Freund aus der Gymnasiumszeit war ich in Frankreich unterwegs. Der letzte Ort, den wir gemeinsam entdecken wollten, war La Rochelle, eine Hafenstadt am Atlantik. Und eine Erinnerung, die ich, Monate später, gerne lebendig werden lasse, verbindet sich mit den Markthallen mitten in der Altstadt von La Rochelle.

Wir waren schon fast zwei Stunden lang absichtslos durch die Gassen und Straßen der Altstadt gebummelt. Wir hatten im Café de la Paix, auf das wir an der Place de Verdun zufällig gestoßen waren, einen Espresso getrunken und die Fotos, die an einen berühmten Stammgast, den Krimiautor Georges Simenon, erin-

nerten, bestaunt. Wir hatten uns in der Boutique Le Criollos dazu bewegen lassen, die Schokoladespezialitäten von Sébastien Morosini nicht nur zu bestaunen, sondern auch zu kosten und zu kaufen. Nun standen wir vor den Markthallen. Es war Freitagnachmittag, es herrschte Hochbetrieb. Wir umgingen die Gemüse- und Obststände außerhalb der Hallen und traten durch einen Seiteneingang in das Innere.
Wir befanden uns im Bereich der Metzgereien, was uns nicht interessierte. Gleich anschließend jedoch stießen wir auf die Käsehändler. Zuerst waren es die Namen der Käse, die uns beschäftigten. Wir machten uns gegenseitig auf jene Käsesorten aufmerksam, denen wir im Laufe unserer Reise durch die Region von Poitou-Charentes schon begegnet waren, sei es als Abschluss der Mahlzeit, sei es als Teil des Frühstücks. Nach der Wiederentdeckung der Namen setzten wir unsere Nasen ein. Wir versuchten die Gerüche, die Duftmarken der einzelnen Käse, wahrzunehmen, was in dieser Überfülle an Käse gar nicht so leicht war. Am ehesten gelang es uns, wenn wir einen Käse vom Essen her schon in Erinnerung hatten. Schließlich kamen wir mit einem der Händler, der selbst auch Käse produzierte, ins Gespräch. Wir ließen uns erzählen, was bei der Produktion seiner Spezialitäten alles mitspielte. Doch das Gespräch wurde für unser Französisch schwierig. Wir zogen uns mit der Versicherung aus der Affäre, wir hätten ihm mehrere Käse abgekauft, wenn wir jetzt gleich nach Hause fahren würden, doch wir hätten noch einen weiten Weg vor uns …
Wir beide nahmen uns vor, in Zukunft auch zu Hause mehr auf Käsespezialiäten zu achten und die Fachgeschäfte in unserer Region aufzustöbern.

Und dasselbe geschah, als wir zu den Fischständen kamen. Wir hatten auf unserer Reise fast immer Fisch gegessen und kannten die entsprechenden Bezeichnungen von den Speisekarten. Nun konnten wir uns von den Fischen ein Bild machen. Fische, deren Namen wir bisher nicht getraut hatten, wurden nun durch ihr Aussehen vertrauenswürdig. Den Gesprächen, die an den Verkaufsständen geführt wurden, entnahmen wir, dass die Herkunft der Fische – Meer, Bach oder Teich – und ihre Fangfrische eine Rolle spielten, dass Rezepte ausgetauscht und verglichen wurden. Ganz aufmerksam hörten wir zu, als an einem der Fischstände debattiert wurde, wie eine *merluche*, ein Seehecht, zubereitet werden sollte.

Als wir die Hallen verließen, blieben wir noch eine Weile bei den Obst- und Gemüseständen. Im Nachhinein denke ich, dass es vor allem die Farben waren, die uns daran hinderten, am Obst und am Gemüse einfach so vorbeizugehen.

In den Tagen, da ich mich immer wieder diesem ersten Kapitel widme, lese ich den Roman *Jenseits des Meeres liegt die ganze Welt* der isländischen Autorin Audur Jónsdóttir. Ich stoße dabei auf eine Textstelle, die meiner Marktbeschreibung Konkurrenz macht. Sunna, die Hauptfigur dieses Romans, hat zu einem früheren Zeitpunkt ihres Lebens in Barcelona Spanisch und Katalanisch studiert. Wenn sie ihre aktuelle Situation in Reykjavik erzählt und reflektiert, werden Barcelona und die sinnliche Lebenshaltung, die sie dort im Süden entfalten konnte, zu einem farbigen Kontrast zum Leben in Reykjavik. So beschreibt sie den Weihnachtsmarkt im alten jüdischen Viertel von Barcelona:

Auf den Marktplatz hatte sich ein Geruch aus Kerzenwachs, Räucherkerzen, Zuckerwaffeln, heißer Schokolade, Röstkastanien und türkischem Honig gelegt, die von Baldachinen bedeckten Marktstände krachten fast zusammen vor lauter Heiligenstatuen, Jesuskindern, Krippen und Heiligen Drei Königen.
Im Labyrinth des jüdischen Viertels hing überall Lichterschmuck, sogar die ältesten Häuser glänzten blau, grün und rot wie Sterne am Himmel, Wegweiser durch das Gedränge.
An den Ständen türmten sich Obst, Gemüse und Käselaiber, schimmelige, parmesangelbe, schneeweiße; zuckende Fische, zappelnde Krebse mit zusammengebundenen Scheren, Miesmuscheln in Schale, Tintenfisch in Stücken und Hummer auf Eis, sehr bleiche Schweinsfüße und abgeschlagene Schweinsköpfe, kopfloses Geflügel, Tunfisch-Steaks, Gewürze in Säckchen und Olivenöl in Kanistern. Darüber hingen Fleischbrocken, Schweine- und Wildschweinkeulen über Plastikeimern mit zerschnittenen Herzen, aus denen schwarzes Blut floss; dazu gab es: selbst gemachtes Aioli, Dattelkuchen, Wein, Bauernbrot, Oliven mit Knoblauch und Schokoherzen, die auf der Zunge zergingen. Die Atmosphäre war süß, dicht, trunken: gesättigt mit dem Geruch von Blut, Fruchtzucker, Meersalz, Zwiebelatem und Milchsäure.[4]

Dass ich mich in die Atmosphäre von La Rochelle zurückversetze, hat aber nicht nur zur Folge, dass ich bei der Lektüre von Büchern auf verwandte Stellen aufmerksam werde. Die Erinnerung der Sinneseindrücke aus den Urlaubstagen lässt mich auch in der Gegenwart sinnlicher leben. Beim gewohnten Spaziergang entlang der Aare überraschen mich der Geruch des

Wassers, die unterschiedlichen Gerüche der Erde in den Uferböschungen, der winterliche Farbenreichtum der Blätter, die noch an den Bäumen hängen. Und beim Einkauf in unseren kleinen und mittelgroßen Dorfläden – ich kenne sie inzwischen so gut, dass ich die Produkte blind aus den Regalen holen könnte – nehme ich mir wieder Zeit: schaue, nehme den Duft der Früchte wahr, nehme Früchte und Gemüse in die Hand, male mir aus, welche Gerichte aus ihnen entstehen könnten. Und im Käseladen registriere ich die vielfältige Herkunft der einzelnen Käselaiber – Alpkäsereien, von denen ich noch nie gehört habe; ich lasse mir von der Leiterin des Ladens erzählen, wie sie zu diesen Käsereien Kontakt gefunden hat.

Ich staune zudem, wie viele Gesichter die Stadt La Rochelle mir geschenkt hat. Ich liebte es, in diesen Ferientagen in La Rochelle, aber auch an den früheren Orten, irgendwo zu sitzen und die Menschen wahrzunehmen. Auf dem Cours des Dames, einer Allee in der Nähe unseres Hotels, gab es mehrere Bänke. Ich setzte mich am Abend, wenn es dunkelte, gerne dorthin und beobachtete die Menschen, die flanierten, vor allem ihre Gesichter. Diese suchenden, gelösten, gehetzten, entspannten, traurigen, lachenden, einander zugewandten, voneinander abgewandten Gesichter. Fast immer war es den Gesichtern anzusehen, ob sie fest in die Stadt gehörten, von der Arbeit nach Hause eilten, mit einem Auftrag unterwegs waren oder ob sie, ähnlich wie ich, einfach Zeit hatten.
Neben den Bänken im Cours des Dames war vor allem die Place de Verdun ein geeigneter Ort, Gesichter wahrzunehmen. Es gab dort das doppelstöckige Karussell,

die Kinder und Eltern, die es belagerten, die Kinder, die fröhlich im Kreis fuhren und winkten, und es gab die vielen Busstationen, an denen immer Leute warteten, müde teilweise, schlafend, lesend, im Gespräch, am Handy, andächtig hörend oder gestikulierend.
Während ich saß, wurde mir bewusst, dass ich nur dann Gesichter wahrnehmen – beobachten und in mich aufnehmen – kann, wenn ich viel Zeit habe. Denn ich will ja die Gesichter nicht einfach lesen und deuten, mich selbst in diese Gesichter hineinlesen also, ich will ihnen, ihrem Eigenen Raum geben.

Wahrnehmen und ankommen

Von der Place de Verdun fuhren wir an einem Nachmittag mit dem Bus auf die Île-de-Ré. Eine weitgespannte Brücke verbindet die westlichen Vororte von La Rochelle mit Sainte-Marie-de-Ré, dem ersten Ort auf der Insel. Der Ort La Flotte faszinierte uns, die weißen, ein- und zweistöckigen Häuser, die kleine Allee entlang des Hafens, die Hinterhöfe, die während der Fahrt durch den Ort für Augenblicke vielversprechend sichtbar wurden. In Saint-Martin-de-Ré weilten wir vorerst im kleinen Hafen des Städtchens, spazierten auf der Befestigungsanlage und wanderten dann dem Meer entlang Richtung Nordwesten. Wir suchten am Ufer nach den Spuren von Ebbe und Flut.
Im Laufe des Nachmittags kam ein heftiger, böiger Wind auf. Wir saßen im Windschutz einer Gartenmauer und bestaunten die Radfahrer – der Weg, den wir gewählt hatten, war allem Anschein nach bei Touristen beliebt, die sich für ein, zwei Stunden dem Radfahren widmeten: Sie kämpften mit dem Wind. Da wir

dem Wind nicht ausgesetzt waren, sahen ihre Schwenker, Ausgleich- und Gegenbewegungen, wie clowneske Kunststücke aus, das Ringen mit einem unsichtbaren Widerstand. Die einen nahmen es gelassen und lachten über ihre ungewollte Kunstfertigkeit. Die anderen wurden ungehalten – so hatten sie sich das Radvergnügen nicht vorgestellt.

Saint-Martin-de-Ré, der zentrale Ort der Insel, würde mich weit über diese Ferientage hinaus beschäftigen, da war ich mir sicher. Schon als ich aus dem Bus ausstieg und den kleinen Hafen erblickte, die enge Zufahrt vom Meer her, durch ein Tor abschließbar gegen den Wechsel von Ebbe und Flut, die Häuserzeilen, die den Hafen umgaben, erfüllte mich die Gewissheit: Dies war mein Ort, hier gehörte ich hin. Als wir von unserer kurzen Wanderung zurückkehrten, den Hafenbereich und das Städtchen zwischen Hafen und Kirche erkundeten, stellte sich dieselbe Gewissheit wieder ein.
Diese innere Reaktion kenne ich, doch sie stellt sich eher selten ein. Ich weiß von Menschen, die von Orten erzählen, an denen sie ihres Wissens noch nie gewesen sind, als ob sie sie aus einem früheren Leben kennen würden. Sie fühlen sich intensiv mit dem Ort verbunden. Andere sprechen von einer unerklärbaren Stimmigkeit, als ob sie auf den Ort vorbereitet worden wären. Robert Lax hat diese Erfahrung im Hinblick auf »seine Stadt« Marseille in *Port City,* seinem Tagebuch über die Wochen in dieser Stadt, mit den Worten festgehalten:

ich erinnere mich
an die stadt

aus einer million
unvereinbarer
augenblicke
entsteht das
ganze

(wessen stadt
war diese stadt?
es war
meine)

meine,
weil ich
sehen konnte
was zu sehen
ich bereit war

meine
weil ich
schon immer
zu ihr hin
unterwegs war [...]

ich war
auf dem weg
zu dieser
stadt
seit
dem anfang
der zeit

ich war
auf dem weg
zu
dieser stadt
und sang bereits
das lied
dieser stadt
Robert Lax[5]

Ich war mir damals in Saint-Martin-de-Ré nicht sicher, ob ich für mich in Anspruch nehmen durfte, das Lied dieses Ortes bereits zu kennen und zu singen. Die Intensität meiner Wahrnehmung war eher in die Zukunft gerichtet: als ob Saint-Martin-de-Ré und ich gemeinsam noch etwas vorhätten. Werde ich hierher zurückkehren? War der Ort eine Einladung, für mehrere Wochen auf die Insel zu kommen? Oder sollte mir die sinnlich wahrnehmbare Atmosphäre des Hafenortes zu einem seelischen Bild werden, das ich abrufen konnte? Zu einem inneren, ganz persönlichen Kraftort, an dem ich auftanken konnte, in dem ich ihn in der Erinnerung aufsuchte? Ähnlich wie die Emanuelskirche in Lalibela, die kleine, für mich namenlose Kapelle mit dem weiten Blick auf die Bucht von Panormos auf Kalymnos, die ehemalige Klosterkirche von Romainmôtier, der Strandabschnitt zwischen Bansin und Ückeritz …

Wahrnehmung – ein vielschichtiges Geschehen

Ich lasse mich gern auf Wahrnehmungen ein und rege auch gern andere an, ihren Wahrnehmungen zu trauen. Ich mag die Vielschichtigkeit der Wahrnehmungen. Zum einen vitalisieren sie uns, zum andern kann noch vieles andere mitschwingen, wie dies in meinen Erinnerungen an La Rochelle deutlich wird.

Wir kommen nie voraussetzungslos in eine Wahrnehmung. Alles, was wir bisher gesehen – beziehungsweise als Klang, Geräusch, Duft, Geschmack, Berührung wahrgenommen – haben, bildet eine Art Raster, auf dessen Hintergrund die neue Wahrnehmung möglich ist und in unserem Bewusstsein auch eingeordnet wird.

Unser Nervensystem scheint so zu funktionieren, dass wir einen Sinnesreiz, der überhaupt nicht in unseren Wahrnehmungshorizont passt, nicht aufnehmen. Das ist einerseits ein Schutz, kann uns aber andererseits auch zur Falle werden: dass wir nur noch wahrnehmen oder wahrnehmen wollen, was uns bereits vertraut ist – der erste Schritt in eine Routine, die die Feinheit und Vitalität der Wahrnehmungen ausschaltet.

Wahrnehmung ist also immer auch ein bewusster oder nicht bewusster Rückbezug auf die Erinnerung. Wir nehmen wahr und brauchen die Hilfe der Erinnerung, um uns zu vergewissern, ob die neue Wahrnehmung sich lohnt oder nicht, ob sie uns schadet oder guttut. Unsere Erinnerungen liefern uns das Wertesystem, das die neue Erfahrung einordnet.

Wenn wir uns diesen Zusammenhang vor Augen führen, wird uns klar, was beim Vorgang der Wahrnehmung geschehen kann: Im einen Extremfall lassen wir nur Wahrnehmungen zu, die uns schon vertraut sind und die ins Schema passen – anders gesagt: Wir leben nur noch in der Absicht, uns zu bestätigen, und lassen keinerlei Verunsicherung zu. Im anderen Extremfall verzichten wir, aus was für Gründen auch immer – vielleicht aufgrund eines Vorbildes, eines Überdrusses am Altvertrauten, einer intuitiven Sicherheit, einer Gnade – auf den Rückbezug auf die wertenden Erinnerungen und gelangen zu ganz neuen, überraschenden Erfahrungen.

Ich widme mich in diesem Kapitel den Wahrnehmungen, um mich dem zu nähern, was eine spirituelle Erfahrung ausmacht. In den spirituellen Traditionen werden wir immer wieder ermutigt, uns dem Verzicht, dem zweiten Extremfall, auszusetzen. Wenn in spirituellen Anweisungen beispielsweise davon die Rede ist, ganz im Augenblick zu leben, ist nichts anderes gemeint, als dass wir den Rückbezug auf die absichernde Erinnerung loslassen. Wenn in bestimmten Meditationstraditionen das Bild gebraucht wird, Meditieren sei ein »kleines Sterben«, ist auch dieses Bild ein Hinweis darauf, dass wir die Absicherung der Erinnerung aufgeben sollten: Die Erfahrung Gottes darf anders sein als alles, was wir kennen, denn Gott sprengt die Erfahrungsraster, die ich mir bereits zurechtgelegt habe.

In jeder Wahrnehmung spielt unsere Biografie mit. Die sinnlichen Wahrnehmungen rund ums Essen zeigen dies wohl am deutlichsten. Wir können uns neue und sinnvolle Ernährungsstrategien zurechtlegen, wir können eine Essensumstellung bis ins Letzte planen – die Ernährungsgewohnheiten der Kindheit, vor allem auch, was sie für uns an Belohnung und Bestrafung bedeuteten, holen uns immer wieder ein.

Für mich unvergesslich: Ich war unterwegs, zunächst einen Monat in Indonesien, dann zehn Tage in Thailand, und schließlich eine gute Woche in Japan, und ich musste mir eingestehen: Die Mahlzeiten dieser unterschiedlichen asiatischen Küchen entsprachen mir, sie taten mir spürbar gut. Ich fühlte mich besser als

mit der Schweizer Küche in den Jahren davor. Doch dann stieß ich in einem der Vergnügungsviertel von Tokyo auf ein Restaurant, das mit seiner deutschen und österreichischen Küche warb. Ich bekam kulinarisches Heimweh und leistete mir einen Abend mit meinen bewährten Lieblingsgerichten ... – Muss ich noch hinzufügen, dass mir der Abend nicht bekam?
In jeder Wahrnehmung begegnen wir uns selbst, unseren Prägungen, unseren Erwartungen. In jeder Wahrnehmung stecken die Einladung zur bloßen Wiederholung und die Einladung zu einer (mindestens teilweise) neuen Erfahrung. Mit jeder Wahrnehmung sind wir vor die Entscheidung gestellt, ob wir uns in einem Kreis bewegen, der uns bestätigt – positiv oder negativ, aufbauend oder lähmend –, oder ob es uns gelingt, die Realität immer differenzierter wahrzunehmen.
Auch wenn ich beide Möglichkeiten betont habe, das Steckenbleiben im Altvertrauten, Wiederholbaren und den Schritt in einen geweiteten Erfahrungshorizont, so stelle ich doch mit Freude fest, dass in der sinnlichen Wahrnehmung selbst immer wieder so etwas wie eine Kraft zum Neuen wach wird. Im Prozess der Wahrnehmung verbirgt sich etwas Geheimnisvolles. So verstehe ich auch das Gedicht von Magdalena Rüetschi:

> SCHWEIGEN
> Im Schweigen
> klopft das Geheimnis
> an die Tür
>
> und wenn du willst ...
>
> Magdalena Rüetschi[6]

Wenn wir wahrnehmen, stehen wir vor einer Entscheidung – meistens wird sie in uns blitzschnell getroffen: Bleiben wir uns treu oder öffnen wir uns der neuen Erfahrung? Dieser kurze Moment der Entscheidung ist wie das Anhalten des Atems. Die Frage an uns ist wie ein kurzes Aussetzen der Erinnerung, wie ein Verstummen der immer präsenten, eingeprägten Wertungen. In diesem Augenblick des inneren Schweigens kann das Neue geschehen – ein Geheimnis klopft an, sagt Magdalena Rüetschi –, es ist ein Augenblick, der unserem Willen kaum zugänglich ist, erst im Nachhinein ist unser Wille wieder maßgebend. Die Konsequenzen, die sich aus der neuen Erfahrung nahelegen, sind dann wieder uns überlassen.
Mir entspricht das Gedicht *Schweigen,* weil das Wort »Geheimnis« mindestens so vielschichtig ist wie die Wahrnehmung. Es kann auf die bekräftigende Vitalisierung hinweisen, die in jeder Wahrnehmung mitschwingt, oder auf die Tendenz, die in unseren unterschiedlichen Erfahrungen wie eine Lebensspur, wie ein Lebenssinn aufscheint, es kann ein Wort für die innere Führung sein oder sogar für Gott selbst.
Magdalena Rüetschi betont, dass für sie dieses »Geheimnis« mit unserem Schweigen verknüpft ist (so lautet ja auch der Titel des Gedichts) und dass dieses »Geheimnis« zwar aktiv ist – es klopft an –, aber es drängt sich nicht auf, es setzt sich nicht gegen uns durch. Schweigen und Anklopfen – die Sprache des Gedichts misst spirituelle Erfahrungen aus.
Wer meditiert oder auf andere Art gelernt hat, längere Zeit in einer ruhigen Aufmerksamkeit zu verweilen, kennt die längeren und kürzeren Momente des Schweigens, in denen dieses Anklopfen zu hören ist. Manch-

mal ist es ein vorsichtiges, ganz zartes, kaum hörbares Klopfen, manchmal ein kraftvolles, ungestümes. Es geht uns etwas auf, wenn wir auf dieses Klopfen eingehen.

Das Geheimnis

Das Thomasevangelium liebt es, Jesus als jemanden darzustellen, der in Geheimnisse einführt und Geheimnisse erschließt. Immer wieder entzieht Jesus den Männern und Frauen, die mit ihm ziehen, ihre religiösen Selbstverständlichkeiten – sei es ein Wissen, sei es eine Praxis –, um ihnen ein neues Verständnis der eigenen Person und ihrer Gottesbeziehung zu eröffnen. Das eigentliche Geheimnis, um das es Jesus im Thomasevangelium aber geht, ist die innere Verwandtschaft mit Gott, die Herkunft von Gott. Gott ist dem Menschen kein Gegenüber, sondern eine kraftvolle Innenerfahrung, eine Herkunftserfahrung – eine Erfahrung, die uns den Boden unter den Füßen wegziehen kann.
Das Thomasevangelium setzt sich aus 114 Logien zusammen, aus kürzeren oder längeren Aussagen Jesu; die äußeren Umstände der einzelnen Aussagen werden nicht erwähnt – im Gegensatz zu den uns stärker vertrauten Evangelien von Markus, Matthäus, Lukas und Johannes, die den Aussagen Jesu einen literarischen Rahmen geschaffen haben.
Das Logion 50 vermittelt ein solches Geheimnis, und zwar in drei Schritten: Wir Menschen stammen vom Licht, wir sind mit Gott wesensverwandt, was sich von Seiten Gottes in einer voraussetzungslosen Liebe ausdrückt, und, als drittes, diese innere Verbundenheit mit Gott ist für uns erlebbar. Das Logion lautet:

Jesus sprach:
Wenn man euch fragt: Woher seid ihr?
Sagt ihnen: Wir sind aus dem Licht geboren,
dort, wo das Licht selbst geboren wird, ist es gut. [...]
Antwortet: Wir sind seine Söhne und wir sind die Geliebten des Vaters, des Lebendigen.
Wenn man euch fragt: Welches ist das Zeichen eures Vaters, der in euch ist?
Antwortet ihnen: Es ist eine Bewegung und eine Ruhe.[7]

Das Licht ist ein Schlüsselwort des spirituellen Nachdenkens. Es umfasst die machtvolle Erfahrung einer kosmischen Kraft, der Sonne, aber auch die Sehnsucht nach innerer Orientierung und Einsicht. Als Schlüsselwort durchzieht das »Licht« auch die jüdisch-christliche Bibel, angefangen vom Schöpfungsgedicht zu Beginn, in dem Gott als erstes das Licht entstehen lässt, bis hin zur Johannesapokalypse, die mit der Vision der neuen, ewigen Stadt schließt, in deren Mitte Gott selbst als Licht gegenwärtig ist. In den biblischen Gebeten wird Gott immer wieder als Licht angesprochen; er ist das alles entscheidende Licht.
Von diesem Licht, von Gott selbst, stammen wir Menschen – so lautet das Geheimnis, mit dem uns Jesus im Thomasevangelium unsere Größe erschließt. Größe heißt in diesem Zusammenhang: Vom ersten Moment unseres Lebens an sind wir Gott wesensverwandt – unabhängig davon, wie unser Leben verläuft, ob wir es meistern oder nicht, ob wir gesellschaftlich Anerkennung finden oder nicht, ob wir uns selbst gut finden oder nicht. Dass Gott uns liebt, stellt sich nicht als Belohnung ein. Es ist eine Grundtatsache unseres Lebens.

In diesem Kapitel sind wir der »spirituellen Erfahrung« auf der Spur: Jede Erfahrung kann zur spirituellen Erfahrung werden, wenn diese Geheimnisschicht, dass wir ja von Gott herkommen, mitspielt. Diese Schicht kann dabei ganz unterschiedlich zur Geltung kommen: als Frage, als Ahnung, als Sehnsucht, als Gewissheit. Die Präsenz dieser Schicht ist zudem unabhängig von irgendwelchem Wissen, von jeder intellektuellen oder spirituellen Fertigkeit. Sie kann auch nicht inszeniert werden. Sie stellt sich wie ein Geschenk ein, sie ist nicht verfügbar.

Das Thomasevangelium hat ein Jesus-Wort überliefert, in dem sowohl die ursprüngliche Wesensverwandtschaft des Menschen mit Gott als auch die Unverfügbarkeit dieser Wesensverwandtschaft betont werden. Das Logion 4 hebt hervor, dass ein neugeborenes Kind, das noch keinerlei religiöse Initiation oder Belehrung erfahren hat, von Gott mehr oder ebenso viel weiß wie ein alter, weiser Mann, der sich schon Jahrzehnte mit der spirituellen Schulung beschäftigt hat.

> Jesus sprach:
> Ein alter Mann wird nicht zögern, ein Kind von sieben
> Tagen nach dem Ort des Lebens zu befragen,
> und er wird leben.
> Viele der Ersten werden die Letzten sein,
> und sie werden eins sein.[8]

Gegensätze finden sich, Widersprüche fallen zusammen

Das Logion 50 beschreibt ein erlebbares Zeichen für die Präsenz dieser göttlichen Schicht in unseren Erfahrungen: »eine Bewegung und eine Ruhe«. Die Formulierung legt nahe, dass etwas, was wir normalerweise als Gegensatz empfinden, in eins fällt; sie verbindet Verhaltens- und Erlebensweisen, die wir gern voneinander trennen.
Ich deute mir diese Zusammenstellung »Bewegung und Ruhe« nicht nur so, dass Gott – die Geheimnisschicht unseres Erlebens – sowohl gegenwärtig ist, wenn wir aktiv sind, etwas unternehmen, gestalten und wirken, als auch wenn wir ruhen, passiv und müde sind. Ich deute es mir eher so, dass beide Erfahrungen gleichzeitig, als ein Miteinander auftreten: Ich kann ganz in Aktion sein und gleichzeitig im Herzen eine vollkommene Ruhe erfahren. Ich kann ganz in Ruhe sein, an einem Flussufer sitzen, in einer wortlosen Meditation verweilen, in der Bahn vor mich hindösen und gleichzeitig im Herzen bereit sein, in jene Tätigkeit überzugehen, die jetzt gefragt ist. Der Einsatz lässt mich nicht aus der Ruhe fallen, die Ruhe verhindert nicht mein Tun. Das Tun hat nichts Hektisches, die Ruhe nichts Lähmendes an sich. Ich kann mich mitten im Tun auch zurücknehmen, ich kann mitten in der Ruhe auch aufbrechen. Die Formulierung »eine Bewegung und eine Ruhe« umschreibt letztlich die Erfahrung des Vertrauens.

In seinen Gesprächen mit Steve Theodore Georgiou erläutert Robert Lax eine ähnliche Gegenüberstellung.

Auf der einen Seite empfiehlt er ein entspanntes Hören (»eine Ruhe«), auf der anderen Seite ein Antworten mit den Talenten und Gaben (»eine Bewegung«), die jemand besitzt. Das Verbindende ist wiederum das Vertrauen.

> Es kann helfen, wenn man sich drei Dinge merkt: Da ist Gott, da bist du, und da ist der Augenblick. Jeder Augenblick ist dabei wie ein Geschenk. Und weil er das ist, kannst du dich entspannen, und geh dann in den Augenblick, und höre so gut wie möglich auf ihn. Ich meine: wirklich, wirklich hören! Sei mit allem, was du hast, im Augenblick gegenwärtig. Das braucht Übung. Wenn du dann eine Weile gehört hast, beginnst du zu antworten. Ich glaube, dass du deine Gaben ausarbeitest im Hinblick auf das, was du gehört hast. Du wirst dem Augenblick gegenüber sehr dankbar. Du gibst zurück, weil du zu sehen beginnst, wie alles geliehen ist – eine Gabe von Gott. Ich denke, dass wir verantwortlich sind für die Gaben, die uns gegeben sind: ob wir sie gepflegt haben oder nicht.[9]

Wenn wir uns auf die sinnlichen Wahrnehmungen einlassen, gewinnt unser Erleben, unser Erfahren an Intensität. Diese Intensität zieht uns zum einen in die Gegenwart des Erlebens und eröffnet uns zum anderen auch die Vielschichtigkeit des Erlebens. Und eine der Schichten des Erlebens kann sich als die spirituelle Schicht entfalten, als die Erfahrung der Geborgenheit, des Vertrauens, der Stimmigkeit. Eine Erfahrung, die gelegentlich in Worte zu fassen ist, aber oft auch wortlos bleibt. Eine Erfahrung, die manchmal andauert, manchmal auch nur ganz kurz aufblitzt und als Sehnsucht weiterschwingt.

Handliches Vertrauen

Wie lesen Sie Gedichte? Ich frage deshalb, weil ich selbst mit dem Gedicht von Werner Lutz, das dieses Kapitel eröffnet, eine Lese-Geschichte habe. Ich habe es lange Zeit falsch gelesen. Vermutlich hat mir meine christliche Prägung – oder ein unbewusster Wunsch – einen Streich gespielt. Wie lesen Sie das Gedicht? Meine falsche Lektüre hieß: Da geben sich zwei Menschen die Hand, über die Berührung ihrer Hände nehmen sie die Wärme, die Präsenz des jeweils anderen wahr. Ich las das Gedicht als Impuls, einander zu berühren, einander die Hand zu geben, und zwar nicht nur kurz, sondern in der Berührung zu verweilen.
Irgendwann fiel ich dann aus diesem Verständnis des Gedichtes heraus und merkte: Werner Lutz spricht von mir als einem Einzelnen. Und ich als Einzelner habe zwei Hände. Ich kann mir die Hand geben, mich berühren, in meiner Berührung verweilen. Ich kann mit mir im Austausch sein.
Die Hände in den Schoß legen, die Hände ineinander legen, die Hände falten … Ich sehe mich bei der Meditation, wie die linke in der rechten Hand ruht. Ich sehe mich beim Mittagsschlaf, wie die linke auf der rechten Hand liegt und beide gemeinsam meinen Oberbauch schützen. Ich sehe mich beim Einschlafen im Bett, wenn ich meine Hände zusammenlege – aber zwischen ihnen soviel Raum lasse, dass meine Frau ihre Hände dazwischen schieben kann oder umgekehrt. Ich sehe mich jetzt beim Schreiben, wie ich vor dem Computer sitze, bei einer Pause die Hände von der Tastatur nehme, die Handflächen aneinander lege und sie aneinander reibe, als ob diese kleine Bewegung die

Gedanken anregen könnte ... Bin ich mit mir im Austausch?
Dieses wunderbare Gedicht gehört für mich an den Anfang dieser Reflexion über Spiritualität, weil es den Akzent auf den Einzelnen legt, auf das ganz persönliche Erleben – weil die echte Spiritualität im Erleben des Einzelnen aufbricht und nicht von anderen, von außen als etwas Neues, Zusätzliches diesem Erleben hinzugefügt werden kann. Das Gedicht vermittelt etwas Tröstliches: Wir können im Kontakt mit uns selbst eine Wärmeerfahrung, eine Lebenserfahrung machen. Der Kontakt zum Leben setzt nicht erst dann ein, wenn wir uns auf andere zubewegen, er ist grundgegeben: in unseren Händen. Wie Gottes Präsenz in unserer Seele. »Eine Bewegung und eine Ruhe«.
Werner Lutz spricht in seinem Gedicht davon, dass diese Art der Berührung Behutsamkeit voraussetzt. Davon wird noch die Rede sein.

Einladungen

Je nachdem, wie Sie Bücher lesen, sind Sie nun meinen Gedanken gefolgt, teilweise ganz aufmerksam, teilweise abgelenkt durch andere Impulse oder auch durch Aufgaben, die Sie zwangen, das Buch mitten in der Lektüre beiseite zu legen. Sie waren mit meinen Gedankengängen einverstanden, haben sie als etwas Vertrautes oder als etwas Neues erlebt, vielleicht hat die eine und andere Überlegung auch Fragen wachgerufen; Sie merkten: Jetzt würden Sie Zeit brauchen, um einem bestimmten Thema noch nachgehen, es mit Ihren eigenen Erfahrungen in Zusammenhang bringen zu können. Genau aus diesem Grund besitzt jedes Kapitel eine Art Anhang. In diesem Anhang finden Sie Impulse, Ihrer ganz persönlichen spirituellen Erfahrung nachzugehen, sie aufzuspüren und sie zu pflegen. In einem gewissen Sinn ist dieser »Anhang« sogar wichtiger als das vorangegangene Kapitel, denn mit den Einladungen des Anhangs betreten Sie Ihr eigenes Leben.

Wenn wir eingeladen werden, sind wir Gäste. Zum einen ist das schön – wer weiß, vielleicht werden wir verwöhnt, wir stehen im Mittelpunkt –, zum andern ist jede Einladung auch eine Herausforderung: Wir müssen uns dem Rhythmus des Gastgebers anpassen, vielleicht entfalten sich im Rahmen der Einladung auch Geschehnisse, die wir nicht erwarten, das Ganze dauert länger als vorgesehen, eingeladen sind auch Personen, mit denen wir nicht gerechnet haben ... Mit anderen Worten: Stellen Sie sich darauf ein, dass es in den Einladungen dieses und der folgenden Kapitel nicht mehr um eine bloße Lektüre geht. Die Einladungen bewegen sich zwischen »Übung« und »Fest«, lassen Sie sich darauf ein.

Einladung 1 – Ferienerinnerungen

Widmen Sie sich Ihren vergangenen Ferien:

> Wie lange liegen sie zurück?
>
> Wenn Sie, im Zusammenhang mit Ihren Ferien, vor sich hin träumen, welche Erinnerung wird als erste wach?
>
> Spielen in Ihren Ferienerinnerungen auch sinnliche Erfahrungen eine Rolle?
>
> Wenn ja: Haben Sie in den Ferien solche Erfahrungen gesucht, oder haben sich diese von allein eingestellt? Fällt es Ihnen leicht, diese sinnlichen Erfahrungen wieder wach werden zu lassen, oder müssen Sie Hilfen, wie etwa Fotos, Filme, Andenken einsetzen?

Nach diesen Vorüberlegungen nun das Zentrale: Erlauben Sie sich, für ein paar Minuten in einer sinnlich geprägten Erinnerung aufzugehen!
Dieses Abtauchen darf so lange dauern, wie es eben dauert.
Wiederholen Sie in den nächsten Tagen diese sinnlich geprägte Erinnerung noch mehrfach – oder eine andere sinnliche Ferienerinnerung, die sich meldet.

Zum Abschluss noch eine Nachüberlegung: Ist diese Art der Erinnerungspflege für Sie etwas Besonderes, oder gehört das wie selbstverständlich zu Ihnen, dieses Wegtauchen in sinnenbetonte Erinnerungen?

Einladung 2 – Zu Hause in den Ferien

Gönnen Sie sich Zeit!
Stellen Sie sich vor: Eine Person, die Ihnen wichtig ist und die Sie lieben, wünscht sich, bei Ihnen ein paar Ferientage zu verbringen.
Setzen sich hin und malen Sie sich aus, was Sie dieser Person an Ihrem Ort zeigen, was Sie sie erleben lassen könnten.
Sie wissen, dass diese Person ein Nasenmensch ist. Sie mag Düfte und Gerüche über alles. Welche Gerüche können Sie ihr an Ihrem Ort nahebringen?
Und falls sie ein Ohrenmensch ist?
Oder ein Augenmensch?
Nach diesen Vorüberlegungen nun das Zentrale: Bleiben Sie nicht bei den möglichen Ideen. Machen Sie sich auf den Weg und testen Sie, was es an Ihrem Ort zu riechen, zu hören, zu sehen gibt.
Bereiten Sie sich in mehreren Gängen durch Ihren Ort und seine Umgebung auf Ihren zukünftigen Gast vor.

Einladung 3 – Ankommen

Haben Sie schon entdeckt, was ausschlaggebend dafür ist, dass Sie sich an einem Ort wohlfühlen und wirklich dort ankommen können?
Wie steht es um den Ort, an dem Sie aktuell leben?
Ist es Ihr Ort?
Oder würden Sie lieber woanders leben?
Kennen Sie die Erfahrung, an einem Ort auf Anhieb zu Hause zu sein?
Was braucht es, damit sich bei Ihnen diese Erfahrung einstellt?
Handelt es sich dabei um »einmalige« oder auch um Ihre alltäglichen Orte?
Nun das Zentrale: Träumen Sie von Ihrem ganz konkreten Ort, den Sie bereits kennen und an dem Sie, dank Ihrer Sinne, dank Ihrer Wahrnehmung, wirklich ankommen möchten, irgendwann!
Zum Weiterdenken: Neben der Annäherung an einen Ort über die sinnliche Wahrnehmung gibt es auch die Annäherung über die Verantwortung. Diese Art der Annäherung hält Robert Lax in einer Tagebuchnotiz (5. Februar 1985) fest:

> worte im traum:
>
> wird der ort gut für ihn sein?
> wird er gut für den ort sein?
>
> wird der ort gut zu ihm sein?
> wird er gut zu dem ort sein?[10]

Einladung 4 – Vom Verstummen und vom Schweigen

Stellen Sie sich darauf ein, dass die folgende Besinnung möglicherweise auch schmerzhafte Erfahrungen wachruft. Übernehmen Sie Verantwortung dafür, wie weit Sie in der Besinnung gehen wollen.
Ausgangspunkt: Es gibt ganz verschiedene Formen des Schweigens, d.h. ganz verschiedene seelische Stimmungen, die wir über das Schweigen zum Ausdruck bringen. Je nachdem »klingt« unser Schweigen ganz anders. In und mit unserem Schweigen können wir jubeln, aber auch uns ärgern, wir können loben, aber auch tadeln …

Teil 1

Gönnen Sie sich Zeit für eine etwas ausgedehnte Besinnung und halten Sie auf einem großen Bogen Papier fest – in Worten oder Symbolen oder kleinen Skizzen –, welche Formen des Schweigens Sie im Laufe Ihrer Lebensgeschichte kennengelernt haben.
Nachdem Sie die unterschiedlichen Formen des Schweigens festgehalten haben, versuchen Sie, vorsichtig, zu werten:
Welche dieser Formen waren/sind Ihnen sympathisch?
Welche waren/sind Ihnen unsympathisch?
Waren/sind diese Formen mit bestimmten Menschen oder bestimmten Situationen Ihrer Lebensgeschichte verbunden?

Teil 2

Fragen, die Ihnen im Hinblick auf Ihre »Schweigepraxis« Klärung schenken können:

Wann gelingt Ihnen Schweigen besser:
Wenn Sie allein sind?
Wenn Sie unter anderen Menschen weilen und es vorziehen nichts zu sagen?
Wenn Sie gemeinsam mit anderen Menschen schweigen?

Teil 3

Eine andere mögliche Klärung:
Halten Sie Formulierungen fest, die für Sie eine positive Art des Schweigens zum Ausdruck bringen, dann auch Worte, die eine negative, belastende Art des Schweigens vermitteln.

Teil 4

Das Zentrale zum Schluss: Suchen Sie in Ihrer Wohnung, Ihrem Haus, Ihrer Umgebung einen Ort auf, von dem für Sie eine wohltuende Stille ausgeht. Bringen Sie die Stille des Ortes und Ihr inneres Schweigen in einem wortlosen Dialog zusammen.
Bevor Sie den Ort wieder verlassen: Verabreden Sie mit ihm, wann Sie ihn wieder aufsuchen werden. Oder noch besser: Stellen Sie sich darauf ein, diesen Ort regelmäßig aufzusuchen.
Falls Sie in Ihrer Erinnerung um einen Ort wissen, der Ihnen die Stille viel kraftvoller als alle Orte in Ihrer Umgebung vermittelt hat, als Ort aber jetzt nicht aufgesucht werden kann, weil er beispielsweise viel zu weit weg liegt: Suchen Sie ihn innerlich auf, vergegenwärtigen Sie sich alle Einzelheiten, die damals mitgespielt haben, dass er für Sie zu einem Ort der Stille wurde.

»Licht« als spirituelles Schlüsselwort.
Kennen Sie andere Wörter, die Ihnen als Schlüsselworte vertraut sind, sei es als Ihre persönlichen Schlüsselworte, sei es als die Schlüsselworte von anderen Personen?
Haben Sie schon versucht, möglichst lange mit einem solchen Schlüsselwort zu verweilen?
Es – im Schweigen – zu wiederholen, es innerlich zu sprechen, aber auch auf es zu hören?
Ist Ihnen dieser Prozess angenehm, wenn ein solches Wort einen immer größeren Raum einnimmt, Sie mit seinem Klang erfüllt?
Wie reagieren Sie, wenn Sie merken, dass ein solches Schlüsselwort Sie sogar glücklich stimmen kann?
Ein weiteres Schlüsselwort, das im Thomasevangelium öfter auftaucht, ist das Wort »Anfang«. Mögen Sie dieses Wort: Anfang – anfangen – anfänglich – Anfänger?
Nun das Zentrale: Gönnen Sie sich täglich ein paar Minuten »Schlüsselwortzeit«. Die genaue Dauer dieser paar Minuten ist nebensächlich, wichtig ist die Wiederholung, die Treue Ihrem ganz persönlichen Schlüsselwort gegenüber. – Wenn Sie sich noch nicht sicher sind, welches Ihr Schlüsselwort ist, probieren Sie es aus, unterwegs, wo auch immer; die Schlüsselworte, die zu uns passen, beginnen eine Art Eigentätigkeit, sie entfalten sich und erfüllen uns.

Einladung 6 – Handdialog

Gönnen Sie sich Zeit für eine Handmassage.
Falls Sie sich auskennen, massieren Sie sich Ihre Hände, die eine mit der anderen, fachgerecht.
Falls Sie sich nicht auskennen, versuchen Sie einfach zu spüren, nach welcher Bewegung, nach welcher Berührung, nach welchem Druck Ihre Hand sich sehnt, und schenken Sie ihr diese Bewegung, diese Berührung, diesen Druck mit der anderen Hand.
Gönnen Sie sich und Ihren Händen ein gutes, wohlriechendes Öl.

Kapitel 2
Im Vorbeigehen *oder:* Die Erfahrung der Fülle

Wenn ich gehe
so vor mich hin gehe
an all den köstlichen Dingen vorbei
dem schäumenden Laub
dem fließenden Land
wenn ich so gehe
begleitet von meinen Schritten
und sie atmen höre
die rhythmischen Schritte
weiss ich
dass es nichts Besseres gibt
als so vor sich hin zu gehen
und nirgendwo erwartet zu sein

Werner Lutz[11]

Einstimmung: einfach gehen

Zu Beginn des ersten Kapitels habe ich Sie eingeladen, sich zu setzen und die Hände in den Schoß zu legen. Zu Beginn des zweiten Kapitels möchte ich Sie einladen zu gehen, möglichst einfach, unkompliziert – und gleichzeitig mit einer Aufmerksamkeit, als ob das Gehen vielleicht doch etwas Besonderes ist, wer weiß!

Sie können eine Wegstrecke wählen, die Sie auch sonst gehen, oder eine für Sie neue Strecke gehen. Sie können auch in den Zimmern Ihrer Wohnung gehen.

Die Dauer ist zweitrangig. Wichtig ist die Veränderung der inneren Haltung, in der Sie gehen. Im Normalfall gehen wir, weil wir an einen bestimmten Ort kommen wollen. Wir bringen den gewählten Weg in einer bestimmten Zeit hinter uns; wir wollen ankommen. Das Gehen dagegen, das jetzt in den Vordergrund rückt, ist ein absichtsloses Gehen.

Wenn Sie gerne wandern: Lassen Sie Ihr zielstrebiges Wandern für eine kurze Zeit zum Schlendern werden.

Wenn Sie Schaufensterbummel mögen: Lenken Sie Ihren Blick für eine kurze Zeit an den Fenstern vorbei, lassen Sie ihn frei schweifen, ohne dass er etwas ergreift.

Wenn Jogging zu Ihrem Übungsprogramm gehört: Hören Sie für eine kurze Zeit ganz auf Ihren Körper: Welcher Rhythmus ist wirklich angesagt?

Lassen Sie Ihr Gehen langsam werden, genießen Sie es als Bewegung, als Rhythmus – unabhängig davon, dass diese Bewegung Sie an einen bestimmten Ort bringt. Nehmen Sie das Zusammenspiel der beiden Beine und Füße wahr.

Falls aus Ihrem Gehen eine tänzerische Bewegung wird, darf das sein. Achten Sie aber darauf, dass es nicht zu einer Vorführung wird. Falls aus Ihrem Gehen ein Stehen wird, darf auch das sein. Achten Sie aber darauf, dass es nicht zu einem Stillstand wird.

Gestatten Sie sich immer wieder einmal dieses absichtslose Gehen.

Moose

Wahrnehmen – erleben – erfahren – wie geht das denn? Dies war der Inhalt des ersten Kapitels. Ich bin überzeugt, dass die spirituelle Erfahrung auf der Intensivierung der sinnlichen Wahrnehmung beruht. Dies mag auch erklären, dass Menschen, die sich selbst nicht als spirituell einschätzen, über solche Erfahrungen verfügen, und andere Menschen wiederum, die viel an Spiritualitätstheorie oder Spiritualitätsgeschichte oder spirituellen Erfahrungen von anderen vermitteln können, über nur wenig Erfahrung verfügen.

Im zweiten Kapitel möchte ich einen Schritt weiter gehen: Im Normalfall stellen wir uns der Wahrnehmung nicht der Wahrnehmung wegen. Über die Wahrnehmung möchten wir etwas sehen, das sich zu sehen lohnt – bzw. hören, riechen, schmecken, berühren; sei es, dass wir die Erfahrung schon einmal gemacht haben, sei es, dass andere uns auf diesen Wert aufmerksam machen, sei es, dass das, was wir wahrnehmen, sich uns aufdrängt. Es geht um den Reichtum, der sich uns über die Sinne erschließt.

Ich bin regelmäßig im Puschlav, in einem Südtal des Kantons Graubünden, das die Passhöhe der Bernina mit dem italienischen Veltlin verbindet. Meistens bin ich mit einer Seminargruppe dort, und es geht darum, mithilfe von Meditationstechniken die Aufmerksamkeit zu fördern und diese Aufmerksamkeit dann den Landschaften des Tals zu widmen. Eine solche Landschaftsmeditation besteht beispielsweise in der Wanderung von Albertüsc, einer engen Kehre weit oberhalb vom Ort Poschiavo, zur Alp San Romerio und von

dort zum kleinen Dorf Viano. Der erste Teil der Wanderung führt durch Wald, gelegentlich durch Waldlichtungen, Alpweiden und steile Bachtäler. In meiner Erinnerung ist es aber vor allem eine Wanderung an Moosteppichen entlang.
Ich bin kein Spezialist für Moose und kann nichts über Moose erzählen; ich kann sie nur bestaunen. Was mir während der Wanderung als Erstes auffiel, waren die vielfältigen Grünnuancen. Und dass diese nicht auf den Lichteinfall zurückzuführen waren, sondern auf die Pflanzen selbst. Beim genaueren Hinschauen bemerkte ich den unterschiedlichen Bau der Pflanzen, ihre feinen und feinsten Blätter, die Anordnung der Blätter, die variierende Dichte der Moosteppiche. Mich erfüllte auch der Wunsch, den ich schon als Sechsjähriger gekannt hatte, wenn ich im Wald spielte: mit der Hand über das Moos zu gleiten und es mit der Hand zu erspüren. Als ich mich hinkniete und niederbückte, um das Moos zu berühren, entdeckte ich eine weitere Auffälligkeit: Die einen Moospflanzen fühlten sich trocken an und andere, gleich daneben, im selben Boden, hatten Wasser gesammelt und ihre Blättchen damit angefüllt.
Angeregt durch meine Notizen las ich zu Hause den einen und anderen Artikel über Moose. Und als ich in einem der Artikel den Hinweis fand, dass es über 16 000 Arten gibt, konnte ich dem beipflichten: Mindestens! Ich habe die Moose nicht gezählt, ich habe auch nicht versucht, sie auseinanderzuhalten; ich war einfach von der vielfältigen Fülle beeindruckt. Und ich werde mich dafür einsetzen, dass wir beim nächsten Seminar in Poschiavo wieder denselben Weg einschlagen. Ich möchte die Moose wiedersehen.

Von anderen Wanderungen im Puschlav könnte ich von anderen Reichtümern erzählen, wenn ich die Worte dafür hätte ... Ich saß etwa zwei Stunden am Ufer des kleinen Saoseo-Sees. Dieser Bergsee ist für seine Farbe berühmt; meistens wird sie als türkisblau bezeichnet. Es sind sogar Märchen und Sagen entstanden, um dieses besondere Türkisblau hervorzuheben und zu deuten. In den zwei Stunden, in denen ich am See saß, war der Seespiegel sicher auch türkisblau, aber er wechselte ständig seine Farbe und gefiel sich in Farbmischungen, für die ich keine Wörter kenne.
An einem der Tage standen wir früh auf und fuhren von Poschiavo hinauf zur Alp Samdoss, von dort stiegen wir bedächtig die Alphänge nach oben, in Erwartung des Sonnenaufgangs. Als sich die Sonne auf der anderen Talseite zu zeigen begann, langsam einen steilen Bergrücken emporkletterte und sich dann strahlend vom Berg löste, war ich hin und her gerissen: Sollte ich Richtung Osten schauen und die aufsteigende Sonne begrüßen? Oder sollte ich mich umdrehen und die Hänge und Berge im Westen betrachten, über die das Sonnenlicht vorerst langsam, dann immer schneller herunterfloss, direkt auf mich zu? Auf beiden Seiten Licht in Fülle.

Ich möchte noch von einem anderen Reichtum sprechen. Ich begegne ihm vor allem im Rahmen der Seminare, die ich leite. In solchen Seminaren suchen die Teilnehmerinnen und Teilnehmer das Gespräch mit mir; sie wollen Fragen besprechen und damit die Fragen einen Hintergrund bekommen, erzählen sie auch von Lebensstationen, Eindrücken und Prägungen.

Weil es fast immer um Fragen geht, also oft auch um Unsicherheiten, mag für meine Gesprächspartner der Eindruck entstehen, sie würden mir vor allem Fragwürdiges und Not unterbreiten. Für mich jedoch, der ich zuhören darf, ist es anders. Im Gespräch wird vor mir ein Reichtum ausgebreitet. Es wird mir ein Schatz an großen und kleinen Erfahrungen, Einsichten, Zusammenhängen und Vernetzungen anvertraut.
Wenn ich mit Gruppen am Meditieren bin, sind die Tage bei strengeren Seminaren so gestaltet, dass die Teilnehmenden untereinander nicht sprechen. Sie bleiben nicht nur während der Meditationspraxis selbst, sondern auch sonst, in der Freizeit und bei den Mahlzeiten, im Schweigen. Ich wünsche mir dann immer, dass in einem günstigen Augenblick unsere Köpfe oder unsere Herzen für nur ganz kurze Zeit transparent würden, damit wir alle wahrnehmen könnten, welche Lebensreichtümer hier im Schweigen zusammensitzen. – Ähnliche Gedanken gehen mir durch den Kopf, wenn ich in der Bahn sitze: Die vielen Lebensgeschichten, die jetzt gemeinsam von einem Ort zum nächsten unterwegs sind, ohne dass wir voneinander wissen.

Ich habe mehrfach und mit Absicht den Ausdruck »Reichtum« gebraucht. Ich verstehe Reichtum dabei nicht nur als Beschreibung einer großen Menge, sondern auch als Qualitätshinweis. »Reichtum« als etwas, das uns erfüllt und beglückt.
Es gehört zur Vielschichtigkeit der spirituellen Erfahrung, dass sie uns, unabhängig vom äußeren Umfang der konkreten Erfahrung, bereichert. Und gerade diese Dimension der spirituellen Erfahrung ist heute sehr

wichtig. Je mehr wir uns auf diese Schicht der Erfahrungen einlassen, die uns bereichert und erfüllt, desto selbstverständlicher wird Wunschlosigkeit – oder wohl realistischer gesprochen: Desto selbstverständlicher wird das richtige, sozial und ökologisch verträgliche Maß an Wünschen. Wer sich als beschenkt erfährt und diese Erfahrung bewusst aufnimmt, kann auf den einen und anderen Wunsch verzichten oder vielleicht noch besser gesagt: Zusätzliche Wünsche fallen ihm gar nicht mehr ein.
Die Wachheit für spirituelle Erfahrungen schafft also einen Gegentrend gegen die Wünsche, die durch die Wirtschaft und die Werbung absichtlich geweckt werden, gegen diese endlose Steigerung des Wunschhungers und der Wunschbefriedigung. Wenn heute darüber nachgedacht wird, ob und in welcher Art und Weise sich die Menschen auf der Erde überhaupt noch eine Zukunft organisieren können, sprechen sowohl die Philosophen als auch die Ökonomen von Suffizienz. Diese Haltung, im Umgang mit den Ressourcen »in der Freiheit zum Genug« das richtige Maß zu finden, gelingt uns leichter, wenn wir auf die Erfahrung der Fülle und der Erfüllung zurückgreifen können.

Reichtum und Segen

Eine Frau in meinem Freundeskreis hat die sprachliche Angewohnheit, das, was ich in den vorangegangen Abschnitten als »Reichtum« bezeichnet habe, mit dem Wort »Segen« wiederzugeben. Das Wort scheint bei ihr keine religiöse Herkunft zu haben. Es klingt in ihrem Mund wie der Ausdruck staunender Freude. In ihrer Sprache müsste ich also von einem Moossegen, Tür-

kissegen, Farbensegen, Lichtsegen, Lebenssegen, Herzenssegen sprechen.
Ich mag das Wort »Segen«, weil es die spirituelle Schicht der Erfahrung freilegt, die Tatsache, dass uns eine Erfahrung in einer Tiefe beschenkt, die vom äußeren Rahmen der Erfahrung her nicht auszumachen ist. Dieses Wort macht zudem verständlich, dass wir Menschen auch mit wenig glücklich sein können: Das, was wir leben, erleben wir in seinem Reichtum, wir erleben es als Segen.

Gibt es Anhaltspunkte für die Echtheit einer spirituellen Erfahrung? Ein Anhaltspunkt für die Echtheit, der immer wieder angeführt wird, ist die Reduktion, die Bereitschaft zur Einfachheit. Wer in seinen Erfahrungen dem Reichtum begegnet, braucht immer weniger, weil das Erlebte und Erfahrene ihn sättigt und erfüllt. Oft beginnt die Reduktion in jenem Lebensbereich, in dem sich das Einfacherwerden wie selbstverständlich vollzieht, und holt früher oder später weitere Lebensbereiche ein. Die Reduktion ist nicht ausschließlich materieller Art, sie bezieht sich auch auf unsere Formen der Unterhaltung, unsere Ablenkungen, unsere Mobilität, unser Wissen, unsere Beziehungen. Wenn wir die Reduktion von diesem Erfahrungsgrund her betrachten, wird deutlich, dass sie keine asketische Übung ist. Sie ergibt sich vielmehr aus einer positiven Erfahrung.
Ich hatte die Möglichkeit, mehrere Monate in japanischen Zen-Zentren zu leben. Diese Zen-Klöster sind berühmt für ihre einfache, harmonische Holzarchitektur, ihre karge Ausstattung der Zellen, der Übungshallen und Tempelräume, für ihre Gärten, die mit ein

paar größeren Steinen und Kieseln auskommen. Diese Kargheit verdankt sich der Erfahrung der Fülle. Mehr ist nicht notwendig. In dieser Reduktion steckt selbstverständlich auch die Erfahrung, dass Einfachheit und Kargheit Ruhe vermitteln. Diese Kargheit hat nichts mit raffiniertem Design oder gekünstelter Beschränkung zu tun.

Wenn ich Menschen zuhöre, die mir von ihrem Pilgern erzählen, kommt mir dieselbe Erfahrung der Kargheit – oder die Sehnsucht danach – entgegen. Wer für Wochen oder sogar Monate seinen Besitz auf die Größe des Rucksacks und seine Tätigkeit auf das Gehen reduziert, erlebt etwas Ähnliches. Wer in der Meditationspraxis seine Aufmerksamkeit auf das Atmen und das Sitzen fokussiert und alle äußeren und inneren Entfaltungsmöglichkeiten für die Zeit der Meditation loslässt, erlebt etwas Ähnliches. Wer in der Sorge um einen Mitmenschen alle seine Kräfte für diese eine Person einsetzt und vergisst, was an anderen spannenden Lebensentwürfen möglich wäre, erlebt etwas Ähnliches. Wer verliebt ist und in der geliebten Person eine Mitte gefunden hat, die alle Verpflichtungen des Tages neu ausrichtet und aufwertet, erlebt etwas Ähnliches.

Die spirituelle Tendenz zur Vereinfachung können wir im Alltag oft erleben, wenn wir den Mut haben, dieser Kraft nachzugeben. Wenn wir uns ihr nicht verschließen in der Meinung, überhaupt nichts von allem, was wir besitzen und was uns allem Anschein nach ausmacht, aufgeben zu können.

Vom stillen Glück
Hoch auf dem Berg
weht Abendluft wie blaue Seide,
dehnt den Atem im stillen Glück.

Im Tal flimmern Lichter,
blitzende Sterne im Schoß der Stadt.

Es geht sich so leicht mit dir
in den Abend,
so unverlaufen im stillen Glück.

Petra Fietzek[12]

Petra Fietzek hält in ihrem Gedicht eine doppelte Erfahrung fest: die Erfahrung der Kargheit und die Erfahrung der beglückenden Fülle. In Richtung Kargheit tendieren die Hinweise darauf, dass sie sich auf einen Berg zurückgezogen hat. Es ist Abend. Die Stadt mit ihrem bunten Leben ist zwar noch zu sehen, aber sie ist jetzt nicht das, was sie in Bann zieht. Sie genießt die Luft, sie atmet auf. In Richtung Fülle ist vor allem der Hinweis auf ein Du zu lesen. Eine Liebesgeschichte? Ist das Du körperlich gegenwärtig oder in ihrem Herzen? Das Gedicht stammt aus dem Zyklus *Aus Heimweh nach mir.* Zu Beginn des Gedichtzyklus steht die erschreckende Einsicht, dass Leben sinnlos, kraftlos, freudlos sein kann. Die Gedichte beschreiben den Aufbruch in eine neue Sinnsuche und die Freude darüber, dass dem eigenen Suchen im Herzen eine andere Suchbewegung korrespondiert, als ob der Lebenssinn einen einholen, als ob Gott einem entgegenkommen würde. Das Du des Gedichts meint wirklich eine Liebesgeschichte, allerdings die Liebesgeschichte mit

Gott. Gottes Gegenwart im Herzen ist der tiefste Grund des »stillen Glücks«, des »leichten Gehens«, des Endes aller Umwege (»unverlaufen«). Die Bewusstheit von Gottes Gegenwart ermöglicht die Reduktion auf die Präsenz jetzt, in diesem Augenblick, eine Verbundenheit ohne Verstrickung.

Der Seh-Spagat

Der Mystiker Meister Eckhart ringt in seinen Predigten immer wieder um dieselbe Erfahrung: Gott ist uns Menschen vertraut, unsere Seele ist, um es mit einem modernen Wort auszudrücken, mit Gott kompatibel, sie geht nahtlos in Gott über. In seinen Predigten vermittelt er diese ihm zentrale Erfahrung über Bilder. Das Bild von den beiden Augen ist mir als eindrückliches Bild geblieben:

> Die Seele hat zwei Augen, ein inneres und ein äußeres. Das innere Auge der Seele ist jenes, das in das Sein schaut und sein Sein ohne irgendwelche Vermittlung von Gott empfängt: dies ist das ihm eigene Werk. Das äußere Auge der Seele ist jenes, das da allen Kreaturen zugewendet ist und diese in bildhafter Weise und in der Weise der Kräfte wahrnimmt.[13]

Ich freute mich, als ich bei meiner Lektüre auf ein Gedicht stieß, das mir belegte: Auch der Dichter Angelus Silesius hatte Meister Eckhart gelesen und seine Worte im *Cherubinischen Wandersmann* wieder aufgenommen:

Die Augen der Seele

Zwei Augen hat die Seel: eins schauet in die Zeit,
Das andre richtet sich hin in die Ewigkeit.[14]

Unsere Seele hat nach Meister Eckhart verschiedene Aufgaben. Zum einen verfügt sie über jene Fähigkeiten (»in der Weise der Kräfte«), die uns helfen, uns im Alltag zurechtzufinden. Dazu zählen vor allem die sinnlichen Wahrnehmungen und die mit ihnen verbundenen Wertungen und Orientierungen. Mitten im Alltag ahnt die Seele aber auch die Zusammenhänge (»in bildhafter Weise«) unseres Tuns und unserer Begegnungen mit dem göttlichen Wirken. Der Ausdruck, den Meister Eckhart hier einsetzt, stammt aus der neuplatonischen Philosophie. Diese geht davon aus, dass alles, was es hier auf der Erde gibt, alles, was wir erleben und uns widerfährt, in Form eines ewigen »Bildes« im Göttlichen schon vorgegeben ist. Zum anderen ist die Seele befähigt, dieses ganze so interessante, bereichernde Gefüge, das unser Leben ausmacht, loszulassen und in Gott (im »Sein«) aufzugehen. Meister Eckhart betont, dass die Aktivierung dieser Fähigkeit die eigentliche Aufgabe der Seele ist.
Das »äußere Auge« lässt uns den Reichtum erkennen und öffnet unser Bewusstsein immer stärker für die spirituellen Erfahrungen. Das »innere Auge« ermöglicht die Reduktion im Höchstmaß: die Gottverbundenheit in allem. Meister Eckhart legt Wert darauf, dass über dieses »innere Auge« etwas wesentlich anderes ins Spiel kommt, etwas, das wir Menschen nicht selbst veranlassen können, etwas in uns Grundgelegtes, etwas Selbstverständliches und zugleich Unverständliches. Es gibt keinen fließenden Übergang vom

einen zum anderen Auge. Wir können, ja müssen zwar mit beiden Augen gleichzeitig schauen, aber es ist eindeutig das »innere Auge«, das unser Wesen ausmacht. Es ist das »innere Auge«, das uns eine Gegenwart in Gottes Gegenwart ermöglicht – eine grundsätzliche Veränderung unserer Zeiterfahrung. In seiner spätmittelalterlichen, philosophisch ausgerichteten Sprache formuliert Meister Eckhart dasselbe »stille Glück«, das Petra Fietzek in ihrem Gedicht zum Ausdruck bringt:

> Ich habe auch öfters schon gesagt, dass eine Kraft in der Seele ist, die weder Zeit noch Fleisch berührt; sie fließt aus dem Geiste und bleibt in dem Geiste und ist ganz und gar geistig. In dieser Kraft ist Gott unentwegt grünend und blühend in all der Freude und in all der Ehre, die er in sich selbst ist. Da ist so herzliche Freude und so unbegreifbare große Freude, dass niemand davon gehörig zu sprechen vermag. [...]
>
> Wäre der Geist allzeit mit Gott vereint in dieser Kraft, der Mensch vermöchte nicht zu altern; denn das Nun, in dem Gott den ersten Menschen erschuf, und das Nun, in dem ich jetzt spreche, beide sind in Gott gleich und sind nichts als ein einziges Nun. Seht denn, dieser Mensch wohnt in einem einzigen Licht mit Gott; darum ist in ihm weder Leiden noch Abfolge ohne eine gleichbleibende Ewigkeit.[15]

Gehen, absichtslos

Auch dieses Kapitel möchte ich abschließen, indem ich kurz auf das Gedicht Bezug nehme, das an seinem Anfang steht. Denn das Gedicht von Werner Lutz umfasst die inhaltlichen Schwerpunkte des Kapitels. Es weist

in poetischen Anspielungen auf die Reichtümer hin, die wir erleben können: die köstlichen Dinge, das schäumende Laub, das fließende Land. Es thematisiert aber auch die Reduktion. Was eigentlich zählt, sind die Schritte selbst, die in ihrem Rhythmus etwas vom rhythmischen Atemgeschehen aufnehmen und widerspiegeln. Das Gedicht verrät sogar, wie es zu dieser Reduktion kommen kann: durch die Absichtslosigkeit. Die Reichtümer gehen uns in ihrem eigentlichen Wert erst dann auf, wenn wir sie nicht anpeilen, wenn wir das Gehen nicht mehr verzwecken, wenn wir absichtslos und wach unterwegs sind.
Die letzte Zeile des Gedichts radikalisiert die Absichtslosigkeit. Sie ist auch eine Ziellosigkeit, sie verzichtet sowohl auf offensichtliche als auch auf uneingestandene Erwartungen. Werner Lutz vermittelt uns mit diesem Gedichtschluss die Einsicht: Jede Zielerwartung macht uns blind – oder taub – für das, was uns auf dem Weg erwartet. Nicht erst das erreichte Ziel gibt dem Weg seinen Sinn, der Weg selbst macht Sinn.

In meiner spirituellen Schulung habe ich Gehübungen kennengelernt. Sie sind mir wichtig geworden. Ich denke, dass ich in ihrem Vollzug das Gedicht von Werner Lutz umsetze, seine Worte übers Gehen werden dann zu meinen Schritten im Gehen.
Am meisten liegt mir die Übung, bei der ich während eines Atemzugs einen einzigen Schritt vollziehe. Meistens beginne ich so, dass ich eine Zeit lang stehe, das Gewicht gleichmäßig auf beide Beine und Füße verteilt. Ich lasse den Atem zu und schwinge mich in seinen Rhythmus ein. Irgendwann merke ich, dass es Zeit ist, nun den ersten Schritt zu tun. Dieser beginnt mit

einem Einatmen: Während des Einatmens hebe ich den einen Fuß langsam von der Ferse her, bis am Ende des Einatmens der Fuß auf dem Vorderfuß und den Zehen ruht. Während des kurzen Augenblicks der Atempause – bei voller Lunge – stelle ich den Fuß ein kleines Stück, vielleicht eine halbe Fußlänge, nach vorne, und zwar auf die Ferse. Und während des Ausatmens lege ich den Fuß von der Ferse her langsam zurück auf den Boden. – Dann dasselbe mit dem anderen Fuß.

Je nach Atemrhythmus wird daraus ein sehr langsames, waches Gehen; dem einzelnen Schritt verpflichtet, wach für das Geschehen des Schreitens selbst, wach für die kleinsten Veränderungen im Körper, aber auch im Raum, durch den ich schreite.

Dieser überlangsamen Art des Gehens widme ich mich gern in unserer Wohnung, aber auch draußen im Freien. Ich erlebe sie als wirksame Hilfe, wenn ich vor Auftritten meine Ruhe finden will. Diese Art des Gehens holt mich in die Gegenwart und erdet mich.

Ich kenne auch weniger langsame Formen des Gehens. Sie alle verdanken ihre Wirksamkeit dem Faktum, dass der Atemrhythmus den Ton angibt; der Rhythmus der Schritte – unabhängig davon, wie viele Schritte ich während eines Atemzugs vollziehe – berücksichtigt immer den Rhythmus des Atems. Alle diese Formen wollen nichts anderes, als dass das Gehen selbst im Vordergrund steht. Wenn ich bei Wanderungen merke, dass ich noch zu stark durch Vorkommnisse der letzten Tage absorbiert werde und noch gar nicht im Wandern angekommen bin, wechsle ich für eine halbe Stunde in dieses langsame, rhythmische Gehen. Es ist erstaunlich, wie sehr dann meine Sinne aufgehen.

Apropos Absichtslosigkeit: Eine befreundete Therapeutin hat mir von ihrer »Formel« erzählt, wie sie ins absichtslose Gehen findet. Bevor sie loszieht, lässt sie sich stehen und spürt nach innen, so lange, bis sie irgendwo im Körper die Gewissheit wahrnimmt, in welche Richtung »es« gehen soll. – Dieses Innehalten nimmt sie immer wieder auf, wenn sie unterwegs die Gewissheit verliert, richtig auf dem Weg zu sein. Dieselbe, auf den Körper und nach innen gerichtete Wachheit lässt sie auch wahrnehmen, dass sie nun an einer Stelle angelangt ist, an der sie verweilen soll, da genau diese Stelle ihr etwas zu vermitteln hat. Absichtslosigkeit im Sinne des Vertrauens auf einen Orientierungssinn, den wir sonst ausschließen.

Das Gedicht von Werner Lutz ist ein Gedicht des Vertrauens. Deshalb lädt es zum Gehen ein, zum Weitergehen, zum absichtslosen Gehen. Dass dies nicht immer einfach ist, dass es um eine lebenslange Übung geht, verraten andere, ganz kurze Gedichte von Werner Lutz aus seinem Band *Die Mauern sind unterwegs;* sie lesen sich wie Tagebuchnotizen:

Werner heißt er
ich übe mit ihm das Gehen

Auf den nichtgewagten Schritten
setzen sich Pilze fest

Was kann ich Besseres tun
es ist wie Wandern es ist wie Schlendern
durch eine gräserstille Einfachheit

Werner Lutz[16]

Einladungen

Wie sind Sie mit den Einladungen im Anschluss an das erste Kapitel umgegangen? Konnten Sie sich darauf einlassen oder haben Sie sie übersprungen – der Lektüre zuliebe, die Sie nicht unterbrechen wollten?

Der Sinn der Einladungen ist es, das Buch – meine Überlegungen – und Ihre ganz persönlichen Erfahrungen stärker zusammenzubringen als eine Lektüre das zustandebringt. Betrachten Sie deshalb die Einladungen nicht als Übungen, die Sie abzuarbeiten haben, um irgend jemandem gegenüber »brav« da zu stehen. Die Einladungen wollen Verbindungen herstellen: zwischen den Gedankengängen des Buches und Erfahrungen, die Ihnen bereits vertraut sind, zwischen kaum bewussten Erfahrungen, die deshalb auch etwas Zufälliges besitzen, und bewusst gepflegten Erfahrungen, zwischen Ihren Erfahrungen und dem Erfahrungsreichtum, der in den spirituellen Traditionen vermittelt wird.

Die Reihenfolge der Einladungen ist ein Vorschlag. Sie können frei damit umgehen. Lesen Sie alle Einladungen durch und lassen Sie sich dann auf jene Einladung ein, die Sie am meisten anspricht. Die anderen können Sie später folgen lassen.

Sie haben sicher auch gemerkt, dass Sie die gedanklichen Schritte der Einladungen, also lesen und mitdenken, schnell hinter sich bringen können. Jede Einladung besitzt aber auch Impulse, die mehr Zeit, Raum und Energie verlangen, wenn Sie sich wirklich auf sie einlassen. Diese Impulse bilden das Herz der Einladungen.

Und das Herz des Herzens? Was auch immer Sie im Alltag tun – das gilt ganz allgemein: berufliche Tätigkeiten, Freizeitbeschäftigungen, Begegnungen, Sport, Weiterbildung, Besuche, Geplantes und Ungeplantes –, lassen Sie sich bewusst werden, was Sie eben tun, und verweilen Sie eine kleine Zeitspanne länger als notwendig bei dem, was Sie eben tun. Diese kleine zusätzliche Zeitspanne ist heilsam.

Einladung 1 – Das Tier des Jahres

Pro Natura wählt jedes Jahr ein Tier zum Tier des Jahres. Mit dieser Wahl und durch die in diesem Zusammenhang erstellte Dokumentation über das jeweilige Tier wird sowohl das einzelne Tier in seiner Besonderheit vorgestellt und geschützt, wie auch der (bedrohte) Reichtum der Tierwelt überhaupt ins Bewusstsein gerückt. 2014 ist es die Feldgrille, 2013 war es die Geburtshelferkröte und 2012 das Braune Langohr. Das Tier des Jahres – eine mögliche Form, den Reichtum wahrzunehmen und zu pflegen.
Ist das auch eine Form für Sie? Wie fühlt sich das für Sie an, wenn Sie sich vorstellen, auch Sie, ganz persönlich, würden sich ebenfalls entscheiden für:

- ein Tier des Jahres
- ein Buch des Jahres
- einen Filmregisseur/eine Filmregisseurin des Jahres
- eine Landschaft des Jahres
- ein Sorgenkind des Jahres
- einen Freund/eine Freundin des Jahres

Wählen Sie jemanden oder etwas zum/zur … des Jahres aus, dokumentieren Sie Ihre Wahl und widmen Sie sich dem Gewählten.
Ahnen Sie schon, was Ihnen aufgeht, wenn Sie sich diesem Reichtum öffnen?

Einladung 2 – Fokus

Diese Einladung lebt von Erinnerungen und dann von der Reflexion der Erinnerungen.
Es ist hilfreich mit einem großen Bogen Papier und Stiften zu arbeiten – und mit viel Zeit. Vielleicht können Sie sich auch mehrfach Zeit nehmen und jeweils die Erinnerungen dort wieder aufgreifen, wo Sie beim letzten Mal aufgehört haben.
Ziehen Sie auf dem Blatt gerade oder gewunden oder schräg eine lange Linie. Diese steht für Ihre Lebenszeit. Teilen Sie sie, je nach Alter, in Zehnereinheiten ein – wenn Sie fünfzig Jahre alt sind, in fünf, wenn Sie sechzig Jahre alt sind, in sechs usw.
Widmen Sie sich den einzelnen Altersabschnitten. Tragen Sie auf der linken Seite der Linie jene Menschen ein (mit Namen oder Symbolen oder kleinen Skizzen), die sich im jeweiligen Altersabschnitt Ihnen gewidmet haben, denen Sie wichtig waren, die Sie als Reichtum erfahren haben.
Tragen Sie dann auf der rechten Seite der Linie jene Menschen ein (mit Namen oder Symbolen oder kleinen Skizzen), denen Sie sich im jeweiligen Altersabschnitt gewidmet haben, die Ihnen wichtig waren, die Sie als Reichtum erfahren haben.

Sie können mit den einzelnen Menschen auch sprechen, sie wissen lassen, welchen Reichtum sie Ihnen bedeutet haben – auch wenn diese Menschen jetzt nicht gegenwärtig sind. Sie können den Reichtum (mit einem Begriff oder einem Symbol oder einer kleinen Skizze) neben dem Namen festhalten.
Frage im Nachhinein: Ist Ihnen aufgefallen, dass die letzte Relativfügung beim vorvorletzten und vorletzten Abschnitt gleich formuliert wurde?
Ist das ein Verwirrspiel unserer Sprache?
Oder steckt – für Sie – mehr dahinter?
Falls Sie auf den Geschmack gekommen sind, wählen Sie aus den Personen, die Sie entdeckt haben, nun zwei aus, eine Person, die sich Ihnen gewidmet bzw. zugewandt hat, und eine Person, der Sie sich gewidmet bzw. zugewandt haben. Versetzen Sie sich von Zeit zu Zeit in die Gegenwart dieser beiden Personen – beispielhaft für den Reichtum Ihrer Beziehungen.

Einladung 3 – Muscheln und Steine

Wenn ich am Meer unterwegs bin, geht es nicht anders: Ich muss die kleinen, gewaschenen, blank geriebenen Steine in die Hand nehmen. Einzelne von ihnen wandern dann in meine Hosentasche oder in einen Beutel, den ich bei mir habe. Bevor ich vom Strand in die Ferienwohnung zurückkehre, leere ich meine Hosentasche oder den Beutel; die meisten Steine lasse ich am Meeresufer, nur ein paar wenige kommen mit mir.

Und dann, kurz vor der Abfahrt – kennen Sie dieses Ritual auch? – gehe ich nochmals an den Strand und bringe die Steine ans Ufer zurück, fast alle, höchstens zwei, drei kommen mit mir nach Hause.
Schauen Sie sich in Ihrer Wohnung um!
Welche Andenken fallen Ihnen auf? Um welche Art von Andenken handelt es sich?

- Sind es Ferienandenken?
- Handelt es sich um Geschenke?
- Sind es Andenken an Personen, die Ihnen wichtig waren oder sind?
- Welcher Reichtum steckt hinter dem jeweiligen Andenken?
- Was können oder könnten Sie davon erzählen?

Teilen Sie den Reichtum – mit jemand anderem oder mit Ihrem eigenen Herzen.

Einladung 4 – Entrümpelung

Aus eigener Erfahrung schlage ich Ihnen vor, diese Einladung in zwei Anläufen anzugehen.

Erstens
Träumen/erinnern Sie sich in Ihr Leben zurück!
Gab es irgendwann eine Lebensphase oder eine ganz konkrete Situation, in der Sie Dinge loslassen oder weggeben mussten – aus was für Gründen auch immer – und in der Ihnen dieses Loslassen oder Weggeben – aus was für Gründen auch immer – erstaunlich leicht gelungen ist?

Können Sie sich heute diese Leichtigkeit erklären? Ist Ihnen diese Leichtigkeit geblieben oder haben Sie sie verloren, aus was für Gründen auch immer?

Zweitens
Träumen/überblicken Sie, was Sie Tag für Tag an Gegenständen umgibt.
Was davon könnten Sie mit Leichtigkeit entbehren?
Halten Sie schriftlich fest, was Sie, nach Ihrem Dafürhalten, loslassen können.
Richtig, es gibt, natürlich, noch einen dritten Anlauf!

Drittens
Geben Sie wirklich weg, was Sie nicht mehr brauchen.
Stützen Sie sich auf die Dinge, die Sie leben lassen.
Verzichten Sie auf Ballast.
Sie erinnern sich: Sie können nicht nur Dinge, materiellen Besitz, loslassen. Auch andere Lebensbereiche lassen sich entrümpeln.

Einladung 5 – Die eine Insel und das eine Buch

Es gibt einen Übungsimpuls, den ich absurd finde, aus dem einfachen Grund, weil ich ihn noch nie ernsthaft umsetzen konnte. Dieser Übungsimpuls ist Ihnen sicher auch schon begegnet und lautet so oder so ähnlich: Stell dir vor, es verschlägt dich auf eine einsame Insel, und du kannst nur ein einziges Buch mitnehmen, welches Buch packst du ein?
Bücher gehören zu meiner Welt; Bücher stehen untereinander und mit mir in einem kontinuierlichen Dia-

log; es ist mir nicht möglich, mich auf ein Buch zu reduzieren.
Für mich macht diese Übungsvorgabe nur Sinn als Impuls, Prioritäten zu setzen.
Prioritäten setzen! Das gelingt nur, wenn sich Wahrnehmung und Entscheidung zusammentun. Wahrnehmung: Was hat sich in den letzten Monaten und Jahren an Werten in den Vordergrund gedrängt, was hat sich in meinem Wertgefüge verändert? Entscheidung: Ich will diese Veränderungen, ich bejahe sie bewusst – oder ich will sie nicht.
Im Hinblick auf die Bücher bedeutet dies bei mir:
Welche Autoren und Autorinnen lese ich jetzt gerne?
Welche anderen Autoren und Autorinnen sind durch sie abgelöst worden? Angeregt durch diese Fragen, erlaube ich mir eine Rangliste, die nicht über den literarischen Wert der Autoren entscheidet, aber mir meine Vorlieben bewusst macht.
Prioritäten setzen:

- Im Hinblick auf Beziehungen.
- Im Hinblick auf Glaubensbekenntnisse.
- Im Hinblick auf politische Überzeugungen.
- Im Hinblick auf …

Prioritäten setzen: eine Reduktion aus Ehrlichkeit und aus der Einsicht über die begrenzte Kraft, die uns zur Verfügung steht.

Einladung 6 – Das »stille Glück«

Kennen Sie die Erfahrung der Zufriedenheit, des Glücks im Rahmen einer ganz intensiven Reduktion? Sie bewirkt, dass die äußeren Umstände einer Situation zwar noch in Ihrem Bewusstein da sind, aber keine wichtige Rolle mehr spielen. Wichtig ist allein Ihre Präsenz. Dass Sie da sind. Und diese Art intensiver Präsenz schwappt innerlich in ein Stimmigkeitsgefühl, ein Glücksgefühl über, das nicht erklärbar, aber auch nicht wegzudiskutieren ist. Es erfüllt sie, aller Reduktion zum Trotz – oder vielleicht gerade wegen der Reduktion.

Falls sie diese Erfahrung kennen, erinnern Sie sich, in welchen Augenblicken sie Sie eingeholt hat bzw. einholen kann: in einer Umarmung, bei der Lektüre, in einer bestimmten Landschaft, im Schmerz, beim Liebesakt, in der Meditation, in einem Konzert, bei einer Begegnung, beim Spaziergang, im Tanz, während eines Gottesdienstes, bei einem Erfolg …

Suchen Sie diese Erfahrung der Reduktion oder überlassen Sie sie dem Zufall?

Nachfrage: Im Gedicht von Petra Fietzek kommt ein »Du« vor, das sprachliche Signal für die göttliche Präsenz in der Reduktion.

Gibt es eine sprachliche Formulierung – oder ein anderes »Zeichen« – für die Gewissheit, die Stimmigkeit, die Sie während der Reduktion erfüllt hat? Bringen Sie Ihre Gewissheit ebenfalls mit Gott in Zusammenhang oder erklären Sie sie anders?

Kapitel 3
Unversehens *oder:* Das Aufkommen des Herzens

Seltsam
was alles zu wachsen beginnt
wenn man daran glaubt
sonderbar
was alles verdorrt wenn man es
wünscht
Werner Lutz[17]

Einstimmung: einfach vertrauen

Erinnern Sie sich an die vorangegangenen Einstimmungen? Bei der Einstimmung ins dritte Kapitel geht es darum, die innere Haltung des Vertrauens aufkommen zu lassen. Gelingt Ihnen das Ihrer Erfahrung nach leichter, wenn Sie sich hinsetzen – die Hände im Schoß (Kapitel 1) –, oder gelingt es Ihnen eher, wenn Sie langsam gehen, Schritt für Schritt (Kapitel 2)?

Lassen Sie sich Zeit, im Sitzen oder Gehen zur Ruhe zu kommen.

Knüpfen Sie dann an einer persönlichen Erfahrung an, von der sich sagen lässt, dass Sie in ihr Ihre Wünsche von der besten Seite erlebt haben: Ihre Wünsche schenkten Ihnen zum einen eine brauchbare Orientierung, Ihr Wünschen war zudem die entscheidende Kraft, die zum Gelingen beitrug.

In welchem Lebensbereich Sie dieser Erfahrung nachgehen, ist Ihnen überlassen; vielleicht eignen sich Situationen in Ihrem Berufsleben, vielleicht wichtige Momente in der Geschichte einer Freundschaft, die Beziehung zu einem Tier oder Geschehnisse im Rahmen einer Verantwortung, der Sie sich gestellt haben.

Getragen vom ruhigen Sitzen oder Gehen, erfüllt von der inneren Ruhe, lassen Sie gegenwärtig werden, wie Ihre Wünsche Sie damals prägten, dass Sie diesen Wünschen instinktiv Vertrauen entgegenbrachten, trotz allem, was möglicherweise dagegen sprach, sei es von Seiten anderer, sei es im eigenen Herzen, wie Sie selbst, diese Wünsche und die Energie dieser Wünsche zu einer Einheit wurden. – Verkosten Sie die Erinnerung!

Lösen Sie dann die innere Haltung des Vertrauens von der konkreten Erinnerung, und verbinden Sie dieses Vertrauen mit Ihrem Sitzen oder mit Ihrem Gehen, dehnen Sie das Vertrauen aus, bis es auch die Lebenssituation umschließt, in der Sie sich jetzt befinden, ohne über die Einzelheiten dieser aktuellen Situation nachzudenken. Bleiben Sie im Vertrauen, einfach so.

Verweilen Sie im Vertrauen, solange es stimmig ist. Lassen Sie dann das Vertrauen los, verabschieden Sie es mit einem kurzen Dank.

Vielleicht können Sie, wenn Sie sich die Zeit zum Sitzen oder Gehen leisten, diese Augenblicke immer öfter in einer Vertrauenserinnerung aufgehen lassen. Als ob zur Ruhe kommen gleichbedeutend wäre mit: am Vertrauen anknüpfen.

Wenn uns das Leben infrage stellt

Spirituelle Erfahrungen verdanken sich selten einer Anstrengung. Sie stellen sich meistens still ein – wie ein Geschenk, eine Überraschung, eine Selbstverständlichkeit. Sie haben etwas Leichtes, etwas Heimliches an sich. Das mag mit ein Grund dafür sein, dass Menschen, die viel Zeit und Energie in ihr spirituelles Leben investieren, diese geschenkten Erfahrungen dann gar nicht mit ihrer Anstrengung zusammenbringen können. Die Erfahrung, die sich einstellt, fühlt sich anders an, sie misst sich nicht an der Anstrengung. Oder anders gesagt: Im Augenblick, da sich die Erfahrungen einstellen, kommen sie uns vertraut und zugleich fremd vor. Es klingt etwas wieder an, das schon vor jeglicher Anstrengung vorhanden war. Vielen Menschen, die bewusst spirituell auf der Suche sind, geht im Rückblick auf, was ihnen in ihrer Kindheit und Jugend bereits an spiritueller Erfahrung selbstverständlich war.

Diese Leichtigkeit ist mir ein Anliegen – gerade auch im Hinblick auf dieses dritte Kapitel, das einen eher schwierigen Schritt thematisiert. Ich habe den einzelnen Kapitelüberschriften etwas von dieser Leichtigkeit mitgegeben: Unter der Hand – Im Vorbeigehen – Unversehens – Staunenswert. Spirituelle Erfahrungen sind Erfahrungen, die sich finden, auf die wir zugehen, die auf uns zukommen; wir fragen uns erstaunt, wie wir sie bisher übersehen konnten. Sie sind und waren doch offensichtlich. Die spirituelle Entfaltung liegt meistens nicht in umstürzend neuen Erfahrungen, sondern vielmehr in der allmählichen Veränderung unserer Sichtweise; das Herz geht uns auf, und wir leben in einem neuen Horizont. In den Worten von Robert Lax:

> Leben ist lernen, wie du deine eigene Güte fließen lassen kannst. Leben ist das Betreten des Herzens, so dass es zur Quelle deines Seins wird.[18]

Es mag mit dieser Leichtigkeit zusammenhängen, dass ich in meinen Gedanken immer wieder von Urlaubserfahrungen ausgehe. Ich möchte dies auch jetzt tun. Während ich mit meinem Freund die Region von Poitou-Charentes bereiste und wir uns den alten, romanischen Kirchen in der Umgebung von Poitiers widmeten, zog es meine Gedanken oft zurück in die Schweiz zu einem befreundeten Ehepaar. Beiden ging es schon seit mehreren Wochen gesundheitlich nicht gut. Ihnen selbst und mir, der ich zu ihrem Freundeskreis zählte, war es nicht klar, ob sie ihre Krankheit überstehen, ob sie wieder zu Kräften kommen würden.

Es war mir schwer gefallen wegzufahren. Schon vor der Abreise gab es Tage, da kam ich mir im Hinblick auf diese beiden Menschen als Verräter vor. Durfte ich sie in diesem Zustand zurücklassen? War es nicht meine Pflicht, ihnen beizustehen? Auch während der Reise, beim Anblick einer dieser weiten Landschaften, beim Verweilen in einer dieser Kirchen, konnte plötzlich die Frage aufkommen, wie es den beiden wohl ging. Ich war am Genießen, und sie kämpften um ihre Gesundheit. War mein Genießen legitim? Meine Gedanken kreisten, an den Landschaften und Kirchen vorbei, um die Krankheit meiner Freunde.

Es meldete sich ein weiterer Fragekreis, der meine Ferienstimmung zu stören drohte: Im Zusammenhang mit einer Tagung und einer Fernsehreportage hatte ich mich mit dem Thema der Immigration auseinandergesetzt und mitbekommen, wie ungelöst – und verdrängt – die Situation der Immigranten in Frankreich war. Wenn ich mich nun in den Städten umsah, fielen mir, neben den Kunstwerken, die jüngeren Ausländer auf, die offensichtlich arbeitslos waren. Sie saßen herum, an den Bahnhöfen, auf Plätzen, vor bestimmten Lokalen, untätig und zugleich auf Draht, lethargisch und vorgewarnt. – Hatte ich ein Recht auf Kunst, solange diese jungen Menschen weder in ihren Herkunftsländern noch in Frankreich irgendeine reale Chance auf Entfaltung hatten?

Mitten in einer Beschäftigung oder in einer Begegnung, wenn wir uns ganz auf etwas einlassen möchten, können uns Gedanken und Gefühle in Beschlag nehmen, die mit der Beschäftigung oder der Begegnung nichts zu tun haben. Diese zusätzlichen Gedanken und Gefühle – Wünsche und Ängste – können so stark werden, dass sie uns von der ursprünglichen Intention abbringen und die Kraft, mit der wir uns auf die Beschäftigung oder die Begegnung eingelassen haben, lähmen.

In solchen Situationen versuche ich mich zu retten, indem ich mir klar mache, dass ich unvereinbare Themen nicht gleichzeitig angehen kann und auch nicht angehen muss. Die Sorge um erkrankte Freunde ist eine berechtigte Sorge und eine als Erholung geplante Ferienzeit hat ebenfalls ihre Berechtigung. Wenn es keine Gleichzeitigkeit gibt, so gibt es doch ein Nacheinander. Und für die Dringlichkeit, für Immigrantinnen und Immigranten international Lebensmöglich-

keiten zu schaffen, konnte ich in meinem eigenen Land am besten einstehen; die Probleme in Frankreich kann ich mir merken, aber ich muss sie mir nicht zu eigen machen.
Die Beispiele, die ich eben anführte, haben teils mit Außenrealitäten zu tun – sind persönliche Ferien und gesellschaftliche Probleme miteinander zu vereinbaren, bringt es eine freundschaftliche Verpflichtung mit sich, dass wir immer vor Ort sein müssen? –, teils mit einer inneren Spannung. Manchmal tritt die Spannung ausschließlich im eigenen Herzen auf. Es ist, als ob unterschiedliche Wünsche miteinander in Konflikt geraten, als ob in uns gegensätzliche Positionen miteinander streiten würden.
Schon im ersten Kapitel habe ich die Vielschichtigkeit der spirituellen Erfahrung hervorgehoben. Auch bei den eben geschilderten Beispielen, die ja alle mit kleineren und größeren Entscheidungsprozessen zusammenhängen, treffen wir auf eine Vielschichtigkeit. Wir werden von Prägungen und Wertvorstellungen gesteuert, die zueinander in Konkurrenz treten, die uns in vielen Fällen bewusst sind, die uns aber auch unerkannt bestimmen können.

Es war mir von Anfang an wichtig, die spirituelle Erfahrung mit den Sinneserfahrungen zu verbinden und damit auch mit jener Kraft, die uns ein erfülltes Leben schenkt. Das bedeutet nun aber, dass unterschiedliche Erfahrungen bzw. die Werte, die sie verkörpern, als gegensätzlich erlebt werden, als widersprüchlich, ja als unvereinbar.
Es gab früher Konzepte der Spiritualität, die die Sinne als solche als etwas Schlechtes hinstellten, weil sie mit

unserem Wünschen, mit unserer Gier, mit unserem Ego zu tun hatten. Deshalb hatte der spirituelle Weg den Kontakt mit den eigenen Wünschen zu vermeiden. Diese Verurteilung einer vitalen Kraft scheint mir heute nicht mehr lebbar. Die spirituelle Erfahrung wurzelt in der Sinneserfahrung, in ihrer Sehnsucht, Erfüllung zu finden. Dort aber, wo es zu Gegensätzen und Widersprüchen kommt, muss die sinnliche Orientierung im Herzen einen neuen Maßstab an Werten gewinnen und eine Herzenskraft, die sich den Entscheidungen stellt.

Wer sich den Sinnen, Wünschen und Werten öffnet, wird lebendig und, zugegebenermaßen, auch unruhig. Die Ausgeglichenheit geht schnell verloren und macht der Unruhe Platz. Die urugayanische Dichterin Ida Vitale hat in ihrem Gedicht *Versammlung* festgehalten, wie sich diese Unruhe, die Vielfalt an inneren Stimmen und Kommentaren, anfühlen kann. Der Titel des Gedichts lässt mich vermuten, dass sie eine politische oder kulturpolitische Zusammenkunft beschreibt; doch trifft ihre Beschreibung letztlich auch auf das Ende der Stille im Bewusstsein jedes Einzelnen zu.

VERSAMMLUNG
Es war ein Wald von Wörtern,
ein lauernder Regen von Wörtern,
eine kreischende oder verschwiegene
Übereinkunft von Wörtern,
köstliches flüsterndes Moos,
zartes Donnern,
ein mündlicher Regenbogen möglicher,
o leichter leichter leichter Mißstimmigkeiten,
es war das Pro und das Kontra,

das Ja und das Nein,
vervielfältigte Bäume
mit einer Stimme in jedem einzelnen Blatt.

Und nie mehr, möchte man sagen,
die Stille.
Ida Vitale[19]

»Gleichschätzung« – ein altes Wort

Unsere Sinne und Sinneserfahrungen, die mit ihnen verbundenen Werte, Wünsche und Ängste (wenn es sich um für uns negativ besetzte Werte handelt, vor denen wir uns fürchten oder die wir ablehnen, kommt es zu Ängsten) können zu Spannungen und Konflikten führen. Konflikte vor allem dann, wenn sich solche Wertvorstellungen in unserer Biografie philosophisch oder religiös zu eigentlichen Glaubenshaltungen verfestigt haben. Wir wissen dann plötzlich nicht mehr, was gilt. Haben wir uns – womöglich jahrelang – an den falschen Werten orientiert? Es kann zu einer Glaubenskrise kommen, wobei »Glauben« hier in erster Linie Vertrauen meint – Vertrauen dem Leben gegenüber –, nicht unbedingt eine religiöse Lehre. Hält Gott sich nicht an die Abmachungen, die doch auf ihn zurückgeführt werden? Verrät das Leben die Spielregeln, denen ich mich angepasst habe?
Spiritualität ist nicht nur die belebende und inspirierende Kraft unserer Sinne, Spiritualität ist auch der Schritt auf einen neuen Horizont zu, in dessen Licht die Sinne – und ihre Wünsche und Werte – relativiert werden. Die Mystikerinnen und Mystiker haben diesen Schritt oft sehr lapidar beschrieben, indem sie

ganz einfach darauf hinwiesen, dass Gott sich unserem sinnlichen Erfahren entzieht. Gott darf nicht mit unseren Wünschen und Ängsten, unseren Wertvorstellungen gleichgesetzt werden.

Es gibt Momente, Tage, Jahre, in denen wir die Spannung zwischen unvereinbaren Wünschen in unserem Herzen auszuhalten haben. Eine weitere Spannung – oder handelt es sich um die Auflösung aller Spannungen? – kommt hinzu, nämlich die Entdeckung, dass Gott sich weder der einen noch der anderen Wunschtendenz zuordnen lässt. Angelus Silesius hat diesen Erlebenshorizont, Gott als ein Jenseits unserer Wünsche, sehr provozierend beschrieben.

> DU MUSST NICHTS SEIN, NICHTS WOLLEN.
> Mensch, wo du noch was bist, was weißt, was liebst und hast,
> So bist du, glaube mir, nicht ledig deiner Last.
>
> GLEICHSCHÄTZUNG MACHT RUH.
> Wenn du die Dinge nimmst ohn allen Unterscheid,
> So bleibst du still und gleich in Lieb und auch in Leid.
>
> DAS SELIGE STILLSCHWEIGEN.
> Wie selig ist der Mensch, der weder will noch weiß,
> Der Gott (versteh mich recht!) nicht gibet Lob noch Preis.[20]

Der Dichter Angelus Silesius greift in diesen Epigrammen Erfahrungen und Überlegungen seines eigenen Lebens auf, aber auch Einsichten, die er in den Werken früherer Mystikerinnen und Mystiker gefunden hat.

Übersetzt können diese Einsichten bedeuten: Es gibt Situationen, in denen unsere Wertmaßstäbe nicht mehr zu gebrauchen sind; wir können sie schlicht und einfach vergessen. Solche Lebenssituationen erscheinen uns vorerst als widersprüchlich, tragisch, absurd. Aus der Sicht der Mystik bringt Angelus Silesius einen anderen Vorschlag: Gott ist größer – anders – als alle unsere Wertmaßstäbe. Gott kann zwar, zu unserer Freude, in unseren Wünschen aufgehen, aber Gott besitzt einen anderen Horizont als unsere Wünsche. Er ist unseren Wünschen – und Ängsten – nicht verpflichtet. Deshalb: Wer sein Leben von Gott her verstehen möchte, muss seine Wünsche und Ängste ablegen.

Ein Erlebensbereich, in dem diese Spannung deutlich gemacht werden kann, ist die Gesundheit. Es gehört im Normalfall zu uns Menschen, dass wir wahrnehmen, was gesund und was krank ist, was uns gesund und was uns krank macht, und dass wir alles daran setzen, gesund zu bleiben oder wieder gesund zu werden. Wir bringen unser Ringen um die Gesundheit in aller Selbstverständlichkeit mit Gott in Deckung. Und doch bleiben die unzähligen Krankheiten eine bedrohliche Realität unseres Lebens.
Es ist nun eine Tatsache, dass es Menschen gibt, die auch trotz einer schweren Erkrankung, trotz einer lebenslangen Behinderung ein erfülltes Leben führen. Der Lebenssinn ist, so ihre Erfahrung, nicht an die Gesundheit gebunden. Diese Erfahrung darf nun aber nicht dazu benutzt werden, die Gesundheit und unser Ringen darum abzuwerten. Gerade der Erlebensbereich der Gesundheit macht deutlich: Beides hat seinen Platz in unserem Leben und darf nicht

gegeneinander ausgespielt werden, das Ringen um die Gesundheit und die Entdeckung, dass auch die Situation einer Erkrankung, eines Unfalls, einer Behinderung lebenswichtigen Erfahrungen offensteht.
Mystikerinnen und Mystiker, erfüllt von ihrer Liebe zu Gott, schließen daraus: Es ist zu unserem Vorteil, wenn wir die eigenen Wertungen aufgeben (»ohn allen Unterscheid«), die Entscheidungen den anderen bzw. dem Leben selber überlassen (»der Mensch, der weder will noch weiß«), jeden Tag im Vertrauen annehmen, dass er so, wie er sich entfaltet, von Gott kommt. Die Mystiker meinen nicht eine Gleichgültigkeit oder Resignation, auch nicht jene Erhabenheit, die über allem steht. Das Wort »Gleichschätzung«, das im Titel des zweiten Gedichts auftaucht, umschreibt es bestens: Wer so lebt, schätzt jede Situation als eine gottbezogene Situation. Dieses Wertschätzen ist unabhängig von den ersten, spontanen Reaktionen von Wunsch oder Ablehnung.
Das dritte Gedicht verdeutlicht es: Der Mensch ist über das Lob und den Dank mit Gott verbunden. Dieses Lob und dieser Dank haben ihren Grund aber nicht mehr darin, dass Gott uns unsere Wünsche erfüllt. Denn Gott hat, nach der Vorstellung von Angelus Silesius, nichts von einem Wunschkonzert an sich.

Absichtslosigkeit

Menschen, die zum ersten Mal solchen mystisch geprägten Impulsen begegnen, reagieren oft befremdet. Und ich kenne diese Reaktion auch von mir selbst: Ist das nicht lebensfeindlich? Ist das nicht eine Verachtung jener Lebenswerte, die über Jahre heranreiften, gesucht, erstrebt, erlitten wurden? Ist das nicht eine Einladung zur Willkür?

Es gab und gibt Zeiten, da führte oder führe ich ein »Doppelleben«. Intensiv mit den Sinnen dem Leben zugewandt und engagiert für die Werte, die mir wichtig geworden sind, versuche ich gleichzeitig auch einverstanden zu sein, dass alles ganz anders kommen darf als geplant und erhofft. Manchmal steht mehr die eine, dann wieder die andere innere Haltung im Vordergrund.

Wenn ich ganz langsam vor mich hingehe, vollziehe ich auch mit meinen Beinen dieses »Doppelleben«: Das eine Bein steht bzw. geht für meine Sinne und Wünsche. Aber es bewegt sich im Wechsel mit dem Bein der Absichtslosigkeit.

Ich habe den Eindruck, dass mir die sinnliche Orientierung und die mir lieb gewordenen Werte im Alltag eine Basis schaffen, die verhindert, dass ich jedes Durcheinander sofort mit dem »ganz anderen« Willen Gottes verwechsle. Die freudvolle Erfahrung »Gottes« in meinen Wahrnehmungen und Wünschen schenkt mir ein Sensorium für die Erfahrung »Gottes« im Jenseits meiner Wünsche.

Was Angelus Silesius in seinen Gedichten festhält, hat inzwischen für mich etwas Befreiendes. Die Erfahrung des Lebenssinnes, die Gotteserfahrung, resultiert nicht aus meinem konsequenten Verhalten und ist auch nicht die Krönung meines erfolgreichen Lebens. Die spirituellen Erfahrungen verfügen über eigene Spielregeln; sie tauchen auf, wenn ich für sie bereit bin, aber auch wenn ich noch gar nicht bereit bin. Der Dichter Franz Fassbind hat sich am *21. Februar 1948* im

Hinblick auf die Wahrheit notiert (»Wahrheit« steht in diesem Tagebuchtext für Gottes Gegenwart):

> Lass sie leben.
> Lass genug Raum um sie herum und
> Zwischen den Zeilen.
> Raum in dem sie sich jederzeit
> Wenn es ihr passt und
> Wenn es dir nicht passt
> Verflüchtigen kann.
> Denn auch das gehört wie mir scheint zur Wahrheit:
> Dass sie sich unversehens verflüchtigt
> Und dass sie wiederkehrt
> Wann es ihr passt und
> Wann es dir nicht passt.
>
> Franz Fassbind[21]

Spirituelle Erfahrungen können mich beschenken wie eine lang gesuchte Antwort und lassen mein Herz fast zerspringen vor Freude. Sie nisten sich in meinem Herzen aber auch ein wie eine unheimliche Gewissheit, für deren Verständnis mir Worte und Gefühle noch fehlen. Gott kann sich anfühlen wie meine Herzensmitte, aber auch wie eine Fremdbestimmung. Mystiker und Mystikerinnen wählten für diese Seite der Gotteserfahrung ungewohnte Bilder: Gott als eine dunkle Nacht, die keinerlei Orientierung zulässt, Gott als die Einsamkeit der Wüste, in der man sich ausgesetzt fühlt. Auch Meister Eckhart greift in einer seiner Predigten dieses Thema auf und betont, dass uns Menschen eine Erfahrung Gottes geschenkt werden kann, die alles sinnenhafte, wertende Verstehen hinter sich lässt. Dem Denken Meister Eckharts entsprechend, müsste ich wohl eher sagen: eine Erfahrung Gottes, die zeitlich früher und seelisch tiefer anzusetzen ist als alle sinnlichen, emotionalen und intellektuellen Orientierungsversuche während der ganzen Lebensgeschichte.

> Ich habe von einer Kraft in der Seele gesprochen: In ihrem ersten Ausbruche, da erfasst sie Gott nicht, insofern er gut ist, sie erfasst Gott nicht, insofern er die Wahrheit ist; sie geht bis auf den Grund und sucht weiter und erfasst Gott in seiner Einheit und in seiner Einöde; sie erfasst Gott in seiner Wüstenei und in seinem eigenen Grunde.[22]

Ich sitze in einem Café und höre, wie sich vier Frauen am Nachbartisch darüber unterhalten, was sie alles noch in Ordnung bringen müssen, bevor sie in die Ferien fahren können. Die Wohnung aufräumen und reinigen, alle Wäsche waschen und im Schrank für »nachher« aufbewahren, Kinder oder Nachbarinnen anrufen, um sie zu instruieren, wo der Schlüssel versteckt liegt, wann der Briefkasten geleert werden muss, was sie bitte für den Tag der Rückkehr einkaufen und in den Kühlschrank legen sollten ... Alle vier waren sich einig: Die Tage vor dem Urlaub waren immer stressig, meistens reisen sie sehr erschöpft in die Ferien und können die ersten Tage gar nicht genießen.
Ich erlebe immer wieder, dass sich Menschen im Hinblick auf spirituelle Erfahrungen in einen ähnlichen Stress verwickeln. Was alles geregelt, geklärt, organisiert und abgesprochen werden muss, damit dann eine solche Erfahrung sein darf. Der Ort muss stimmen, die Autorität eines Meisters oder einer Meisterin wird aufgesucht, eine wertende Deutung der möglichen Erfah-

rung wird schon mal bereitgestellt ... Die Vorbereitung ist so ermüdend, dass dann gar keine Lust mehr auf die eigentliche Erfahrung vorhanden ist, vor allem dann nicht, wenn die Erfahrung aus einer ganz anderen Richtung eintrifft, als all die vorausgehenden Erledigungen angezielt haben.

Die Absichtslosigkeit hat etwas Befreiendes. Sie geht davon aus, dass sich die spirituelle Erfahrung schon lange eingenistet hat, dass sie mich schon bald überholt, von rechts oder von vorne, wer weiß, dass sie mich durchdringt und imprägniert, so stark, dass diese Erfahrung nicht mehr von mir, meinem alltäglichen Erleben, gelöst werden kann. Die Absichtslosigkeit lebt vom Vertrauen. Letztlich ist die Absichtslosigkeit auch eine kluge Reaktion auf den Fluss des Lebens, auf seine ständigen Veränderungen. Mit den ermutigenden Worten von Robert Lax:

> Jeder Augenblick ist ein Geschenk, auch der Zeitfluss, durch den die Augenblicke gehen. Also lass die Augenblicke kommen, lass sie gehen. Du musst loslassen, damit dich der Fluss mitnehmen kann.
>
> Die ganze Sache läuft darauf hinaus, dass wir die guten und die schlechten Augenblicke annehmen. Wenn du dich auf die guten oder die schlechten Augenblicke fixierst, dann friert alles ein – du wirst von den Fixierungen in Anspruch genommen, und du verlierst den Anschluss an den Fluss. [...]
>
> Lass dich einfach treiben! Zunächst hat mich diese Einstellung eigentlich abgeschreckt, aber im Lauf der Zeit fand ich das eine recht wertvolle, eine sehr weise Lebensart.

Das ist so ähnlich wie Musik zu hören. Du hängst dich nicht an jede Note – du lässt sie alle einfach kommen. Wenn du einen Film schaust, dann geht jedes Bild einfach an dir vorbei.

Lass also einfach den Fluss fließen, so gut du kannst. Lass es fließen. Und das führt dich dann genau dazu, dass du die Sachen schon richtig machen wirst.[23]

Geheimer Ort Herz

Schon mehrfach habe ich angedeutet, dass die Absichtslosigkeit, die Distanzierung den Sinneswahrnehmungen gegenüber, nichts mit Resignation oder mit Coolness zu tun hat. Die Absichtslosigkeit ist eine Herzenshaltung, eine Form der Liebe. Es ist das Herz, das zwischen widersprüchlichen Erfahrungen vermittelt. Es ist das Herz, das in einer ungewohnten, vielleicht sogar erschreckenden Erfahrung das Vertraute erspürt. Es ist das Herz, das sogar im Entzug um Gottes Liebe weiß.
Weil es um das Herz geht, kann die Absichtslosigkeit niemandem vorgeschrieben werden. Jeder Mensch muss sie für sich selbst entdecken, sie ausprobieren, vertiefen, einüben; nur allmählich wird sie einem zu eigen.

Aus beruflichen Gründen bin ich viel in der Bahn unterwegs, mit einem genauen Ziel und einem klar umschriebenen Auftrag. Diese Fahrten sind für mich ein Übungsfeld für die Absichtslosigkeit. Das spielt sich folgendermaßen ab: Ich fahre ja an einen ganz bestimmten Ort, um dort bestimmte Personen zu treffen, einen Vortrag zu halten, eine Supervisionsgruppe oder ein Seminar zu leiten. Das ist klar beabsichtigt. Die Absichtslosigkeit kommt so ins Spiel, dass ich während der Reise sehr aufmerksam bleibe, wach dafür, dass ich möglicherweise, zusätzlich oder ausschließlich, aus einem ganz anderen Grund unterwegs bin. Wen muss oder darf ich wirklich treffen? Welche Begegnung steht wirklich im Mittelpunkt? Meine Absicht und mein Ziel bringen mich zwar auf den Weg, wofür oder für wen ich eigentlich unterwegs bin, erfahre ich aber erst auf dem Weg. – Eine neue Variante der Vielschichtigkeit der spirituellen Erfahrung.

Im Extremfall kann sogar mein Ziel wegfallen oder an Bedeutung verlieren. Auf dem Weg zu sein verliert deshalb nicht an Bedeutung. Franz Fassbind spielt in seinem Gedicht *Unterwegs* auf die Absichtslosigkeit an, er stellt sie dem menschlichen Planungswillen, dem Bescheidwissen gegenüber. Unser Planen kommt schnell an seine Grenzen. Als Ausweg aus dieser selbst veranlassten Grenzziehung – wir verfügen immer nur über unvollständige Fakten – schlägt er in seinem Gedicht die Herzenshaltung des Vertrauens vor.

Unterwegs

Was findet statt,
Wenn etwas ausfällt?

Was fällt aus,
Wenn etwas stattfindet?

Möglich ist der
Misserfolg erfolgreicher
Bemühungen.

Denkbar ist der
Erfolg erfolgloser
Bemühungen.

Brich mit dem
Lähmenden Prestige
Unvollständiger Fakten.

Suche den leitenden Faden
Und die schwierige Tür,
Welche hinausführt
Ins Freie.

Franz Fassbind[24]

Das Freie, dieser offene Raum, den wir über das Vertrauen betreten, ist der Herzraum. Er wird in den spirituellen Traditionen oft mit der Mitte des Brustraums, dem Raum hinter dem Brustbein, gleichgesetzt. Unser Körper hält uns diesen Raum bereit. Er wartet auf uns, mit der Liebe, die ihn auszeichnet. Als körperlicher Raum verbindet er unsere sinnlichen Wahrnehmungen und die mit ihnen verbundenen Gefühle mit der Herzensklugheit. Diese wiederum kann zu den sinnlichen Wahrnehmungen auch in Distanz gehen und jene Liebe entfalten, die absichtslos ist und sogar dann mit Gott rechnet, wenn die Erfahrung sinnlich nicht mehr fassbar ist.

In den spirituellen Traditionen ist der Herzraum der Ort, in dem Gott zu Hause ist, der Ort, in dem alles Wünschen seine Erfüllung findet, weil er zugleich der Ort ist, der als Gottesort das »Jenseits von unseren Wünschen« kennt. Petra Fietzek hat diese spirituelle

Vorstellung des Herzraums in ihrem Gedichtzyklus *Aus Heimweh nach mir* aufgegriffen.

VOM WOHNEN IM GEHEIMNIS
Seit acht Uhr vierzig
wohne ich im Geheimnis
mit neuer Adresse.

Ich habe die Tür entdeckt,
die Tür geöffnet.

Im Geheimnis
ist der Tisch für mich gedeckt
mit Brot und Wein.
Wilde Tiere
liegen mir zu Füßen
und Liebe umsorgt mich.
Mein Blick durchs Fenster
führt ins Weite.

Seit acht Uhr vierzig
habe ich alle Umwege aufgegeben,
bin umgezogen
in die Gotteskammer
in mir.

Petra Fietzek[25]

Im Eingangsgedicht von Werner Lutz wird die gewaltige Kraft der Wünsche thematisiert: Die Wünsche verfügen über eine schöpferische, aber auch über eine tödliche Kraft. Es ist deshalb wichtig, unsere Wünsche zu kennen, sie schon in ihrem Ansatz wahrzunehmen, zu einem Zeitpunkt, da sie ihr Potenzial noch nicht entfaltet haben. Von diesem Gedicht aus gesehen, erscheint die Absichtslosigkeit als ein spielerischer Umgang mit den Wünschen, der sie in ihre Grenzen weist. Ich frage mich, ob es für uns Menschen auch die Möglichkeit gibt, uns auf jene Erfahrung einzustellen, in der wir das »Jenseits von unseren Wünschen« erreichen. Ist es der Übergang von den Wünschen zur Sehnsucht? Verlieren oder verwandeln sich unsere Wünsche, wenn sie in der Sehnsucht aufgehen?

Einladungen

Ist »Einladung« ein Etikettenschwindel, ein liebevolles Wort anstelle von »Übung«? Und falls dem so ist, braucht es überhaupt Übungen? – Nein, es braucht keine besonderen Übungen. Denn das wirkliche Übungsfeld ist unser Leben. Allerdings …

Es ist ungewohnt, den Alltag bewusst zu leben. Und wer dies tun möchte, erlebt oft die Überraschung, dass der Versuch, bewusst zu leben, sich hinderlich auswirkt, als ob wir vor lauter Bewusstheit den Kontakt zu uns selbst und zu unserem Leben verlieren würden. Das ist einer der Gründe, weshalb besondere Übungen sinnvoll sind: Im Rahmen einer ganz bestimmten Aufgabe erlangen wir eine stärkere Bewusstheit für das, was sich um uns herum und in uns abspielt. Wenn wir uns immer wieder solchen Übungen widmen, dehnt sich die neu gewonnene Bewusstheit auch auf den Alltag aus, ohne hinderlich zu werden. Die Bewusstheit steht dann nicht mehr zwischen uns und unserem Leben, sondern ist zu einer der Schichten des vielschichtigen Lebens geworden.

Ein anderer Grund, sich zu bestimmten Zeiten auf Übungen einzulassen, hat mit unserem Herzen zu tun. Leider stehen viele von uns in einem Alltag, den wir nicht mit einem offenen, zugewandten Herzen gestalten können. Das würde uns zu oft verletzen, kränken und frustrieren. Früher oder später würden wir das Herz abhärten und es für immer verschließen. Die »Einladungen« sind Einladungen ans Herz. Während der Übung ist das Herz geschützt und kann sich entfalten. Im Laufe der Übungen lernen wir zu erkennen, wann es sinnvoll und notwendig ist, unser Herz zu investieren – vielleicht sogar auf die Gefahr hin, verletzt zu werden – , aber auch, wann es, im Hinblick auf unser Herz und unsere Liebe wichtig ist, unser Herz zu schützen.

»Einladung« ist kein Etikettenschwindel. Ihre Lebenszeit ist Ihre Zeit; setzen Sie sie nur für Erlebnisse, Erfahrungen, Reflexionen ein, die für Sie kostbar werden können. Wenn eine »Einladung« Sie nicht anspricht, lassen Sie sie weg; vielleicht wird sie zu einem späteren Zeitpunkt aktuell. Umgekehrt gilt aber auch: Wenn eine »Einladung« Sie betrifft, widmen Sie ihr viel Zeit. Lassen Sie sie zu einem neuen Zugang zu Ihrem Leben werden.

Einladung 1 – Der Fluss der Wünsche

Die Methode ist Ihnen von anderen Einladungen her vertraut. Sie benötigen einen großen Bogen Papier und Stifte und viel Zeit ... Es geht um Ihre Erinnerungen.

Ziehen Sie auf dem Blatt gerade oder gewunden oder schräg eine lange Linie. Diese steht für Ihre Lebenszeit. Teilen Sie sie, je nach Alter, in Zehnereinheiten ein.

Sie können Ihre ganze Lebenszeit betrachten, Sie können sich aber auch auf einen einzelnen Lebensabschnitt, also auf Feinarbeit, einlassen, beispielsweise auf die letzten zehn Jahre Ihrer Lebensgeschichte.

Halten Sie vorerst bei den einzelnen Altersabschnitten fest, welche Wünsche Sie damals erfüllt haben. Setzen Sie dafür Worte oder kleine Symbole ein.

Wenn Sie Ihren Erinnerungen nachgehen, versuchen Sie bitte, zwei unterschiedlichen Erfahrungen auf die Spur zu kommen:

- zum einen den einzelnen Wünschen. Achten Sie darauf, dass die Worte oder Symbole, mit denen Sie die Wünsche wiedergeben, konkret, präzise und anschaulich sind.
- zum andern den Übergängen, wie bestimmte Wünsche von anderen abgelöst wurden. Waren es Wünsche, die miteinander verwandt waren? Oder besaß der neue Wunsch keine Berührungspunkte mit dem Wunsch, den er ablöste?

Ein erster zusätzlicher Impuls: Unsere Wünsche sind eng, manchmal untrennbar, mit unseren Gefühlen verbunden. Erkennen Sie die Gefühle, die bei Ihren Wünschen mitspielen?
Ein zweiter zusätzlicher Impuls: Wenn Sie Ihre Wunschlinie betrachten, die Wunschdichte je nach Altersabschnitt: Erinnern Sie sich, wie es Ihnen jeweils mit Ihren Wünschen gegangen ist.
Fiel es Ihnen leicht, Ihren Wünschen Raum zu geben, sie als positiven Antrieb anzunehmen?
Oder erlebten Sie Ihre Wünsche als einen Störenfried, weil sie Sie nicht in Ruhe ließen?
Oder waren Ihnen Ihre Wünsche unangenehm, weil sie anderen Menschen lästig waren?
Unser Wünschen besitzt eine Eigenheit, die Sie nicht außer Acht lassen sollten: Ein Wunsch, der uns aus was für Gründen auch immer nicht genehm ist, kann sich die Maske eines anderen Wunsches aufsetzen, er kann sich auf diese Art tarnen … Widmen Sie sich zu einem späteren Zeitpunkt der Aufgabe, die festgehaltenen

Wünsche noch einmal zu reflektieren. Waren sie die eigentlichen Wünsche oder standen sie für ganz andere Wünsche?

Einladung 2 – Kriterien

Es ist gut möglich, dass Sie die Skizze Ihrer Wunschlinie jetzt als Basis benutzen können, für die Frage nämlich: Gab es – immer wieder oder einmalig – Situationen, in denen sich Ihre Wünsche gegenseitig ausschlossen und Sie sich für den einen oder anderen Wunsch entscheiden mussten?
Notieren Sie solche Situationen und die konträren Wünsche, um die es in diesen Situationen ging.
Geschah Ihre Entscheidung aus dem Bauch heraus oder war es jeweils ein Kopfentscheidung?
Erinnern Sie sich an die Argumente Ihres Bauches bzw. die Kriterien Ihres Kopfes?
Sind es, im Rückblick gesehen, Argumente und Kriterien, die immer wieder auftauchten, oder waren sie auf die Situation bezogen?
Sind Sie sich der Motive Ihrer Argumente und Kriterien bewusst? Was könnte jeweils mitgespielt haben:
Anpassung, innere Gewissheit, Egoismus, materieller Gewinn, Lust, Rücksichtnahme, man macht es halt so, Liebe, Ratlosigkeit, Verzweiflung …

Einladung 3 – Der Herzraum

Nehmen Sie im Sitzen oder Liegen eine Position ein, in der Sie sich wohlfühlen und entspannen können. Lassen Sie sich zur Ruhe kommen. Erspüren Sie dann Ihren Brustraum: vom Brustbein bis zur Wirbelsäule, von den Schlüsselbeinen bis zu den Rippenbogen.
Der Herzraum: Etwas, das Sie wahrnehmen können? Etwas, das Sie sich vorstellen müssen?
Lassen Sie in der Mitte des Brustraums den Herzraum entstehen, vielleicht gleich im Anschluss an das Brustbein. Es ist der körperliche Raum jener Empfindungen und Erfahrungen, die wir mit der Liebe verbinden, wenn wir mit »Liebe« etwas zum Ausdruck bringen möchten, mit dem wir über unser alltägliches Verhalten hinauswachsen, Absichtslosigkeit beispielsweise, Fingerspitzengefühl, Bedingungslosigkeit, Hingabe, Achtsamkeit.
Kennen Sie die Nuance, die Ihre Liebe zu etwas Besonderem macht?
Wenn Sie, ganz entspannt, auf Ihren Brustraum achten, fällt Ihnen auf, dass er vom Atem belebt und vom Atemrhythmus bestimmt wird. Stellen Sie sich vor, dass Ihr Herzraum von einer Liebe belebt und von einem Liebesrhythmus bestimmt wird, die Ihnen in einer ähnlichen selbstverständlichen Art und Weise zukommen, wie Ihnen der Atem zufließt. Falls es Ihnen leicht fällt, Licht zu imaginieren, lassen Sie Ihren Herzraum sich mit Licht füllen. Was der Atem für den Brustraum ist, ist das Licht für den Herzraum. Siegfried Scharf lässt Atem, Licht und Liebe ineinander übergehen:

> Der Meditierende atmet mit der Vorstellung und in der Gewissheit ein, dass er die göttliche Liebe [...] mit jedem Atemzug in sich aufnimmt. Und er atmet diese Kraft der göttlichen Liebe nicht sogleich wieder aus, sondern leitet sie [...] als geistige Kraft in seinen ganzen Körper, ihn gleichsam nach allen Seiten durchdringend und erfüllend.[26]

Bleiben Sie mit dem Brustraum und Herzensraum, mit dem Atem- und dem Lichtfluss verbunden, solange Sie sich dabei wohlfühlen. Wenn Sie merken, dass Sie durch ganz andere Gedankengänge abgelenkt werden, diese Verbundenheit aber noch nicht aufgeben möchten, beginnen Sie einfach wieder von vorne. Wenn Sie abschließen möchten, tun Sie es bewusst.
Es ist gut möglich, dass sich im Alltag dieser Herzraum wieder meldet und Ihnen bewusst wird. Wenn das geschieht, lassen Sie ihn für kurze Zeit zum lichtvollen Mittelpunkt werden. Nehmen Sie wahr, wie die Gegenwart des Herzraums Sie und Ihre Umgebung verändert.

Einladung 4 – Herzensorte

Die Wendung »das Herz geht mir auf« ist Ihnen sicher vertraut. Diese Einladung möchte Ihnen dazu verhelfen, dass Ihnen die Orte, in denen Ihnen das Herz aufgeht, bewusst werden. Vielleicht sind es für Sie nicht so sehr die Orte, die diese Kraft besitzen, sondern Men-

schen, Melodien, Bücher, Landschaften, ein bestimmter Raum in Ihrer Wohnung oder Ihrem Haus.
Beginnen Sie wie bei der vorangehenden Einladung. Lassen Sie sich Ihren Brustraum und Ihren Herzraum, den Atem und das Licht bewusst werden. Lassen Sie dann wie in Zeitlupe Erinnerungsbilder von Orten wach werden, die zu Ihrer Lebensgeschichte gehören oder die Sie in den letzten Jahren immer wieder aufgesucht haben. Während diese Bilder kommen und gehen, beobachten Sie den Herzraum: Bei welchem Ort (bei welchem Erinnerungsbild) weitet sich der Herzraum, wird der Lichtstrom stärker (oder selbstverständlicher). Sammeln Sie auf diese Art Ihre Herzensorte.
Es ist für Sie von Vorteil, wenn Sie sich die Herzensorte notieren und kurz festhalten, aus welchen Gründen sie zu ganz persönlichen Herzensorten geworden sind.
Wenn Sie die Übung wiederholen möchten, können Sie statt den Orten auch Personen nachgehen oder Melodien oder Büchern oder Pflanzen oder …
Was ist es im Tiefsten, das bestimmte Orte (Personen, Musikstücke, Bücher, Räume …) zu Herzensorten macht? Haben Sie aktiv dazu beigetragen oder hat es sich als Erfahrung »einfach so« eingestellt?

Einladung 5 – Absichtsloses Gehen

Variante 1

Ich lade Sie ein, das ganz langsame Gehen, das ich im zweiten Kapitel beschreibe, nachzuvollziehen. Dieses Gehen ist so langsam, dass es jegliche Zielstrebigkeit unmöglicht macht.

Wählen Sie einen Raum oder einen Weg im Freien; wichtig ist, dass Sie sich geschützt wissen. Und gestehen Sie sich zehn bis dreißig Minuten Zeit zu.
Verweilen Sie längere Zeit in einem entspannten Stehen. Suchen Sie für Ihre Arme und Hände eine Position, die Ihre Sammlung vertieft und zugleich bequem ist, legen Sie beispielsweise die Hände auf den Bauch oder den Brustraum. Nehmen Sie den Atemrhythmus wahr. Stellen Sie sich innerlich darauf ein, dass Sie in diesem Rhythmus gehen werden: bei jedem Atemzug einen Schritt. Lassen Sie sich aber noch Zeit, es eilt nicht, das Gehen.
Verlagern Sie das Gewicht auf das linke Bein, sodass Sie das rechte Bein bewegen können. Während des Einatmens heben Sie den rechten Fuß von der Ferse her, sodass nur noch die Zehen und der Vorderfuß den Boden berühren. Während der kurzen Atempause bei voller Lunge schieben Sie den rechten Fuß ein klein wenig nach vorn, vielleicht eine halbe Fußlänge, und stellen die Ferse des rechten Fußes auf den Boden. Während des Ausatmens legen Sie von der Ferse her die Sohle des rechten Fußes auf den Boden zurück. Am Ende des Ausatmens ist wieder der ganze Fuß im Kontakt mit dem Boden. Und dieser rechte Fuß, das rechte Bein trägt nun das Gewicht des Körpers, sodass sich beim nächsten Atemzug das linke Bein seinem Schritt widmen kann.
Achten Sie darauf, dass – bei aller Langsamkeit –, Ihr Gehen im Fluss bleibt. Die Schritte lösen einander ab, gehen ineinander über, wie die Atemzüge.
Karlheinz A. Geißler stimmt ein Lob auf die Langsamkeit an. Ist Ihnen im Gehen etwas von diesem Lob der Langsamkeit selbst auch aufgegangen?

> Das Nahe und das Naheliegende übersehen wir, wenn wir nicht langsam sind. Nur die Geduldigen öffnen sich, greifen zögernd ein. Staunend sind sie in der Lage, sich der Mitwelt zuzuwenden – und sich selbst ebenso. [...] Nur mit Hilfe von Langsamkeit und Besinnung entwickelt sich die Vielfältigkeit der Wahrnehmung, entwickeln sich Gründlichkeit, Gerechtigkeit und Verantwortungsbewusstsein. Zerdehnte Zeit, die wir Langsamkeit nennen, ist daher keine Zeit der Untätigkeit, sie ist produktiv und unverzichtbar.[27]

Es kann geschehen, dass uns die einfache Übereinstimmung von Atembewegung und Beinbewegung plötzlich sehr kompliziert vorkommt, dass der Atem unsere Schritte und unsere Schritte den Atem durcheinanderbringen. Sollten Sie eine solche Reaktion wahrnehmen, lösen Sie Ihre Schrittfrequenz von der Atemfrequenz; gehen Sie auf Ihre Art möglichst langsam, ohne auf den Atemrhythmus zu achten.

Variante 2

Diese Variante macht Spaß und beginnt zu wirken, wenn Sie mindestens drei bis vier Stunden Zeit dafür einsetzen, einen halben oder sogar einen ganzen Tag. Sie machen sich also auf den Weg. Doch verzichten Sie bitte gleich von Beginn an auf ein Ziel. Nehmen Sie – noch zu Hause, in Ihrer Wohnung – einfach wahr, wohin es Sie »zieht« und gehen Sie in diese Richtung. Nehmen Sie bei jeder Kreuzung innerlich Witterung auf: Stimmt die Richtung noch oder wird sie durch eine andere Ausrichtung abgelöst? War die Startrichtung

nur für den Anfang richtig, als Zielrichtung aber ungültig?
In derselben Art und Weise (Witterung, Bauchgefühl, Intuition, Gewissheit) nehmen Sie wahr, wenn bzw. dass ein Ort Sie für eine Zeit aufhalten, Sie bei sich behalten will. Geben Sie dieser Einladung nach. Und nehmen Sie Ihr Gehen wieder auf, wenn die Kraft der Einladung nachlässt. Und vergessen Sie im Gehen, dass Gehen ein Ziel braucht, um sinnvoll zu sein; das Gehen hat den Zielwert in sich.
Je nach Zeit, die Sie sich zugestehen, müssen Sie irgendwann an den Rückweg denken oder an die Rückfahrt. – Es ist auch vorstellbar, dass Sie je nach Wohnsituation ein Stück fahren, bevor Sie absichtslos losgehen. – Nehmen Sie sich auf dem Rückweg oder zu Hause Zeit, um über Ihr Experiment nachzudenken. Wie haben sie es erlebt, wie haben Sie sich selbst erlebt? Sind in Ihnen unter dem Druck bzw. unter der Chance, absichtslos zu gehen, neue Seiten, neue Schichten lebendig geworden? Mit welchen Worten würden Sie diese beschreiben? Würden Sie Karlheinz A. Geißler zustimmen?

> Also lasst uns gehen! Wohin? Dorthin, wo man nicht nachdenkt, wohin man geht! Gehen ohne Anzukommen. In das Suchen, in das Unabgeschlossene hineinfinden. Das Gehen hat sein Ziel in sich selbst, es ist der Verzicht auf vorzeigbare Zwecke.[28]

Einladung 6 – Gleichschätzung

Das Leben orientiert sich nicht an unseren Lieblingsvorstellungen. Es kann uns unliebsam überraschen und uns enttäuschen. Gott scheint sich unseren Lieblingsvorstellungen – vom Leben und vom Lebenssinn, von Gott und den gültigen Werten – gegenüber ähnlich zu verhalten. Gott ist nicht festzulegen und nicht festzuhalten. Gott entzieht sich unseren Konzepten und unserer Sprache.
Auch wenn es eine sprachmächtige Theologie gibt (und manchmal auch braucht), auch wenn Schriftsteller und Schriftstellerinnen für die beglückenden und erschreckenden Lebenserfahrungen von uns Menschen Worte gefunden haben, in denen wir uns gern wiederfinden möchten: Es kann in unserem Leben Augenblicke geben, in denen wir nichts mehr verstehen, auf die wir uns keinen Reim machen können, auch nicht einen frommen. Es sind vor allem die Mystiker und Mystikerinnen, die um dieses Schweigen, diese Sprachlosigkeit, dieses Geheimnis kreisen: Gott gelten lassen, auch wenn er sich unserem Verständnis entzieht.
Gibt es in Ihrer Familie oder in Ihrem Freundeskreis Menschen, die diese Erfahrung machen mussten?
Nehmen Sie sich Zeit für ein vorsichtiges, achtsames Gespräch mit einer solchen Person. Versuchen Sie im Gespräch auszuloten, was dieser Person letztlich geholfen hat, mit dieser Erfahrung ins Reine zu kommen und nicht zynisch zu werden oder in Resignation zu fallen.
Kennen Sie selbst diese Erfahrung auch?
Wenn Sie sie ebenfalls kennen, überprüfen Sie, ob Sie die Offenheit, die die Erfahrung eingefordert hat,

durchhalten konnten oder ob Sie sie zurückgenommen haben.
Was hat Ihnen geholfen, diese Offenheit durchzuhalten? Was war der Grund dafür, dass Sie sie zurückgenommen haben?

Kapitel 4
Staunenswert *oder:* Der Mut zur Unterbrechung

Beginnen
als steige der erste Tag der
Schöpfung
aus dem Wasser
beginnen
als habe noch nie jemand ein Wort
gesagt
Werner Lutz[29]

Einstimmung: einfach pausieren

Wenn Sie diesen Text zu lesen beginnen, halten Sie bitte kurz inne und überlegen Sie sich: Was wird in den nächsten zwölf Stunden alles auf Sie zukommen?

Anschließend wählen Sie aus den unterschiedlichen Tätigkeiten, Unternehmungen und Begegnungen der nächsten zwölf Stunden vier aus.

Beginnen Sie dann zu träumen bzw. sich vorzustellen, dass Sie bei diesen vier »Abläufen« bewusst kleine Pausen, kurze Unterbrechungen einlegen werden, als ob Sie für einen Augenblick innehalten, sich zurücknehmen und sich besinnen wollten.

Können Sie sich vorstellen, was diese Pausen bei Ihnen auslösen werden? Welche Veränderungen sich bei Ihnen und bei Ihren Tätigkeiten und Begegnungen einstellen werden?

Ist es für Sie überhaupt vorstellbar, etwas zu unterbrechen? Oder erleben Sie solche Unterbrechungen als einen Mangel an Respekt gegenüber den Personen, Sachen, Verpflichtungen, um die es geht?

Wenn es Ihnen tatsächlich Mühe bereitet, mitten in einem Ablauf auf Distanz zu gehen, versuchen Sie sich die Aufgabe zu nuancieren: Bei welchem der vier Abläufe können Sie sich Unterbrechungen am ehesten vorstellen, bei welchem überhaupt nicht?

Wiederholen Sie in Ihrer Vorstellung die Abläufe mehrfach, die Abläufe und die möglichen Unterbrechungen, bis Sie merken, dass Sie Lust bekommen, sich diese Pausen nun auch in der Alltagsrealität zuzugestehen.

Überlassen Sie sich der Vorfreude auf diese Pausen.

Für mich sind bewusst eingelegte Pausen etwas Wertvolles geworden. Sie sind ein wesentliches Element meiner Spiritualität. Ich kann es an einer Erfahrung festmachen, die zunächst gar nicht spirituell daherkommt: an der Lektüre. Ich lese viel und gern, das gehört zu meinem Beruf. Ich lese Fachbücher, aber auch Romane, Erzählungen, Gedichte. Seit mehreren Jahren habe ich mir angewöhnt, die Fachbücher und die literarischen Werke laut zu lesen, wenn sich das für meine Umgebung nicht störend auswirkt. »Laut« meint »mit Stimme«, manchmal ist es nur ein Flüstern, manchmal ein Sprechen mit lauter Stimme, auf jeden Fall hörbar.
Wenn ich stimmlos, nur in Gedanken, lese, kann ich recht schnell lesen. Ich habe mir auch angewöhnt, wie »mit einem Blick« eine Buchseite zu erfassen und aufzunehmen. Diese schnelle Art des Lesens geschieht mit einem Filter: Was ist wichtig, was muss ich mir merken? – Im Zusammenhang mit Fachliteratur: Was weiß ich bereits und kann es überfliegen, was muss ich mir an neuen Informationen einprägen? Im Zusammenhang mit Romanen: Was ist wichtig für den Ablauf der Handlung oder die Charakterisierung der Personen, was ist Nebensache?
Wenn ich mit Stimme lese, lese ich gestaltend. Ich gebe jedem Satz sein eigenes Gewicht. Ich nehme die vom Autor intendierten Zusammenhänge der einzelnen Worte und Sätze auf und gebe ihnen in der Art meiner Gestaltung Ausdruck. Und zur Sprache gehören ja nicht nur Klänge, Worte, Melodien, sondern eben auch Pausen. Erst in den Pausen können die Worte und Sätze nachklingen.

In dieser gestaltenden Art des Lesens stehe ich dem Buch nicht mehr gegenüber, sondern ich werde Teil von ihm. In meinem Lesen beginnt der Text zu leben.
Als ich mit dieser Art der Lektüre begann, war mir klar: Wenn ich von nun an laut lese, werde ich in meinem Leben ein paar Bücher weniger lesen. Inzwischen spricht diese Einsicht nicht mehr gegen meine Art der Lektüre. Ich lese quantitativ sicher weniger, aber die Bücher berühren mich intensiver; ich lasse die Schwingung ihres Textes zu.

Macht es nicht auch das Wesen der Freundschaft und Partnerschaft aus, dass wir gemeinsam Pausen aushalten und gestalten können? Dass die Beziehung in den Pausen gewinnt? Dass nicht ein Ereignis das andere jagen muss? Dass wir auch kurz in Distanz gehen können, ohne den inneren Kontakt zu verlieren? Dass auch »unnütze« Momente erfüllte Momente werden? Dass die Pausen dem Erlebten den Entfaltungsraum ermöglichen?
Schon mehrfach bin ich in diesem Buch auf meinen Urlaub in Poitou-Charentes zu sprechen gekommen. Mein Freund und ich haben dort romanische Kirchen aufgesucht, deren Architektur und Gestaltung durch die regionalen Eigenheiten geprägt wurden. Ich hatte mich auf diese Reise und auf diese Kirchen gut vorbereitet. So ging ich auch in Melle, in der Kirche Saint-Hilaire, all den Besonderheiten nach, die diese Kirche als Kunstwerk auszeichneten. Aber erst als ich mich nach der Besichtigung auf einen der Stühle niederließ, setzte sich mir die Kirche als ganze zusammen, erlebte ich etwas von dem Bergenden und Erhebenden, das diesen Kirchenbau ausmachte. Hätte ich mir diese

Pause nicht zugestanden, wäre der Besuch der Kirche zu einer bloßen Repetition des Kunstführers geworden.

Stressabbau

Spirituell betrachtet, hat eine bewusst gepflegte Pausenkultur verschiedene Vorteile. Ich empfehle sie beispielsweise all den Personen, die mir einen gestressten Eindruck machen. Einer der Faktoren, die zu Stress führen, ist der innere Druck, ein bestimmtes Resultat zu einem bestimmten Zeitpunkt in einer bestimmten Form liefern zu müssen. Dieser innere Druck wird im Normalfall durch Anforderungen von außen verursacht, aber auch durch eigene Grundsätze, an denen man unbedingt festhalten will. Zu den Zwängen von außen kommen also die Zwänge von innen hinzu. Eine Pause bedeutet in diesem Zusammenhang, genau hinzuschauen, welche Anforderungen (von außen und von innen) wirklich erfüllt werden müssen und welche Anforderungen sich wie von allein, grundlos, ins Spiel gebracht haben: Ehrgeiz, Gewohnheiten, Ängste, Perfektionismus, Missverständnisse, Prägungen.
Wenn wir uns eine Pause gestatten, nehmen wir zudem dem Ganzen etwas von seiner Dringlichkeit. Wir können es stehen oder liegen lassen. Für die Zeit der Pause bestimmt nicht mehr die Aufgabe uns, sondern wir bestimmen über sie. Dadurch, dass wir für einen Augenblick von ihr zurücktreten, geben wir der Aufgabe ihren Stellenwert im Ganzen unseres Lebens. Denn es gibt noch andere Werte, Aufgaben und Herausforderungen; diese Aufgabe ist eine von vielen. Auch wenn ich mich, vor und nach der Pause, dieser

Aufgabe mit ganzem Herzen widme, steht sie während der kurzen Pause in meiner Werteskala nicht zuoberst.

In der Pause liegt noch eine weitere Qualität. Ich versuche sie zu beschreiben. Im Normalfall tendieren wir dazu, die »Dinge« hinter uns zu bringen, sie abzuschließen und zu erledigen. Was wir bereits im Zusammenhang mit dem Gehen betrachtet haben, dass wir normalerweise auf ein Ziel zugehen, gilt auch für andere Vorgänge oder Beschäftigungen. Als ob wir erst am Ziel zu unserem Glück kommen würden. Als ob das schnelle Erreichen des Zieles über den Wert unserer Beschäftigung entscheiden würde. Hinter dieser Tendenz steht die oft propagierte, aber dennoch falsche Wahrheit, dass wir durch Beschleunigung Zeit sparen könnten.

> Es ist die Geduld, die heute die notwendigste, die auffälligste und die widerständigste Form des Mutes ist. Entwickeln wir diesen Mut. Hingegen ist die Angst, die Zeit zu verlieren, eine der sichersten Methoden, ihrer tatsächlich verlustig zu gehen.
>
> Wir könnten beispielsweise im »Warten« etwas anderes als nur »verlorene Zeit« sehen. Wir könnten diese Zeitform als Möglichkeit verstehen, etwas Neues, Unerwartetes an uns herankommen zu lassen. Das Warten kann wie der Umweg produktiv werden. [...]
>
> Wir könnten das Nichtstun, die Pausen, achten und lieben lernen, denn dort, wo das Nichtstun verachtet und verhindert wird, wird das Tun zu zerstörerischer Gewalt. [...] Unser Ziel sollte es sein, einen Pausenwohlstand anzustreben.[30]

Was Karlheinz A. Geißler formuliert, kann in einer spirituellen Sprache bedeuten: Die Pause drückt Vertrauen aus. Dadurch, dass ich für Augenblicke auf Distanz gehen und mir Zeit lassen kann, schenke ich dem, was ich tue, und mir selbst Vertrauen. Ich selbst mache Sinn und nicht so sehr die Tatsache, dass ich eine bestimmte Leistung hinter mich gebracht habe.
Wenn ich mit jemandem im Gespräch bin und in unserem Gespräch auch Pausen Platz haben, mag das Gesagte selbst etwas in den Hintergrund treten. Aber wir schenken uns als Gesprächspartner und der Tatsache, dass wir miteinander sprechen, Vertrauen. Die Pausen lassen unseren Sinn für die Vielschichtigkeit des Gesprächs wach werden.

Wir Pausenwesen

Durch die bewusste Unterbrechung wandert das Gewicht – im Sinne von Wert und Bedeutung – von der Tätigkeit zu den Personen. Nicht dass wir etwas Bestimmtes zustande gebracht haben und nun vorweisen können, macht unseren Wert aus, sondern wir selbst. Ich verstehe das alte Mönchsmotto „Ora et labora – bete und arbeite" in diesem Zusammenhang: Die Arbeit wird unterbrochen durch das Gebet. Wenn die Glocke zum gemeinsamen Gebet einlädt, lässt der Mönch seine Arbeit liegen. Nichts ist so wichtig, dass es nicht eine Unterbrechung ertragen könnte. Weniger romantisch ausgedrückt: Der Mönch weiß, dass es für ihn die Arbeit in überblickbaren Portionen gibt. Er kommt gar nicht erst in die Versuchung, sich in der Arbeit zu verlieren.

Mir scheint dieses Motto aber auch andersherum wichtig zu sein: Auch das Gebet ist eine Beschäftigung, in die der Mönch sich verlieren könnte, deshalb wird auch das Gebet wieder unterbrochen, sei es durch Zeiten der Arbeit, sei es durch die Lektüre, das Studium, die Mahlzeiten. Die Mönchskultur ist so gesehen eine Pausenkultur.

Mit dem schöpferischen Wesen der Pause bzw. der Unterbrechung bringe ich auch die Meditation zusammen. Wenn wir uns auf die Meditation einlassen, unterbrechen wir nicht nur unsere Tätigkeiten, sondern auch unser inneres Tätigsein, unseren Gedankenfluss. – Wir können ja äußerlich die Hände in den Schoß legen, aber innerlich weiterhin aktiv sein, planen, kombinieren, wiederkäuen, zweifeln, infrage stellen, mit uns und mit anderen Selbstgespräche führen … In der Meditation legen wir auch innerlich eine Pause ein.
Auch das Meditieren kann wiederum zu einer Beschäftigung werden, in die wir uns verlieren. Deshalb gilt: Wer wirklich meditiert, unterbricht auch den Meditationsfluss. Nur so entsteht jene Haltung der Präsenz, die letztlich das Wesen der Meditation auszeichnet – eine Haltung, die sich aber auch unabhängig von der Meditation einstellen kann, weil sie auf der Kultur der Unterbrechung, der Pause basiert. Dieser Präsenz ist es eigen, dass sie uns für das Leben öffnet. Rose Ausländer umkreist in ihrem Gedicht *Mysterium* diese Präsenz und ihre eröffnende Kraft.

Mysterium
Die Seele der Dinge
lässt mich ahnen
die Eigenheiten
unendlicher Welten

Beklommen
such ich das Antlitz
eines jeden Dinges
und finde in jedem
ein Mysterium

Geheimnisse reden zu mir
eine lebendige Sprache
Ich höre das Herz des Himmels
pochen
in meinem Herzen
Rose Ausländer[31]

Auch die »Dinge« haben eine Seele, ein Antlitz. Wenn es uns gelingt, ganz gegenwärtig zu werden, sagt Rose Ausländer, gehen sie uns in ihrer Vielschichtigkeit auf, eröffnet sich uns ihr Himmelsbezug. Das Echo dieser Geheimisse können wir in unserem Herzen wahrnehmen, der Himmelspuls und unser Herzschlag haben denselben Rhythmus. Rose Ausländer verweist mit ihren Bildern auf die göttliche Verwandtschaft unserer Seele – eine Seelenqualität, die uns seit dem ersten Kapitel dieses Buches begleitet.
Meister Eckhart, Angelus Silesius und andere Mystiker haben die Pause und das Innehalten noch weitergedacht; sie haben sie zu einem Gottesbild gemacht. Ausgangspunkt für ihre Überlegungen war das Schöp-

fungsgedicht, das den Anfang der jüdischen Bibel bildet. In ihm wird geschildert, dass Gott die Welt in sechs »Tagewerken« erschaffen und jeweils als gut und gelungen angenommen hat. Im Anschluss an die sechs Arbeitstage heißt es dann:

> So entstanden Himmel und Erde mit allem, was lebt. Am siebten Tag hatte Gott sein Schöpfungswerk vollendet und ruhte von seiner Arbeit aus. Deshalb segnete er den siebten Tag und erklärte: Dieser Tag ist heilig, er gehört mir. (Genesis 2,1–3)

Die Mystikerinnen und Mystiker sahen in dieser Ruhe, in diesem Sabbat, das eigentliche Wesen Gottes. Ihm näherten sie sich an, wenn sie in der Meditation, im Gebet oder in ihren Tätigkeiten in die Ruhe fanden. Ihr Pausieren ließen sie gern in Gottes Ruhe einmünden. Wir, die wir uns heute von einer ganz anderen Kultur imponieren lassen, von der »Kultur« der Aktivität, der Beschleunigung und der Hektik, tun uns möglicherweise schwer damit, solche Gedankengänge nachzuvollziehen. Sie sind Ausdruck eines tiefen Vertrauens – des Vertrauens, dass wir in den einzelnen Wahrnehmungen, Tätigkeiten und Begegnungen verweilen können. Wir können sie unterbrechen und wieder aufnehmen. Denn das, was in unserem Leben wirklich zählt, ist schon längst geschehen und geklärt: unsere ursprüngliche, wesenhafte Verbundenheit mit Gott. Sie liegt all unserem Tun voraus. Nichts muss erarbeitet werden. Im Licht dieses Vertrauens stehen alle Anstrengungen und Bemühungen unsererseits unter dem Verdacht einer Selbstinszenierung.

Der Dichter und Mystiker Angelus Silesius, hat in den kurzen Gedichten seiner Sammlung *Cherubinischer Wandersmann* das Thema der Ruhe mehrfach aufgegriffen. Drei Beispiele belegen, wie unterschiedlich er das Thema gestaltet hat.

> WAS GOTT VOM MENSCHEN FORDERT.
> Gott fordert nichts von dir, als dass du ihm sollst ruhn:
> Tust du dies, so wird er das andre selber tun.
>
> DIE RUH ISTS HÖCHSTE GUT.
> Ruh ist das höchste Gut: und wäre Gott nicht Ruh,
> Ich schlösse vor ihm selbst mein Augen beide zu.
>
> DER EWGE SABBAT IN DER ZEIT.
> Ein Mensch, der sich in sich in Gott versammeln kann,
> Der hebt schon in der Zeit den ewgen Sabbat an.[32]

Angelus Silesius fasziniert, dass Gott bereits in der Ruhe des ewigen Sabbats weilt und wir in den Unterbrechungen, in den kleinen und großen Pausen sowie im Verweilen in die Ahnung dieses Sabbats eintauchen können. Deshalb lädt er uns ein, die Ruhe zu suchen, auch die Ruhe im Sinne von Passivität. Für ihn ist »Ruhe« letztlich ein anderes Wort für »Vertrauen«. Ruhe bedeutet eine vertrauensvolle Aufmerksamkeit für die Geschehnisse in unserem Alltag. In ihnen kommt uns unser Leben entgegen, so wie es Gottes Liebe entspricht. Ihnen können wir uns anvertrauen. Im Gespräch mit Steve Theodore Georgiou konkretisiert Robert Lax, wie sich dieses Vertrauen in den Alltag übersetzen lässt.

Das Beste, was du im Leben tun kannst: Heiße jeden Augenblick willkommen, wie er kommt, denn jeder Augenblick hat Bedeutung. Aber suche dabei nicht, ihn festzuhalten, sondern lass ihn mit Verständnis und Wertschätzung vorbeiziehen. […]

Lass also einfach den Fluss fließen, so gut du kannst. Lass es fließen! Und das führt dich dann genau dazu, dass du die Sachen schon richtig machen wirst. Du wirst dann das ganze Meer in den Blick bekommen und dich nicht nur auf die Wellen konzentrieren, die dich gerade hin- und herschaukeln. Wenn du das einmal erreicht hast, dann wird auch die alte Vorstellung des »Selbst« zu verschwinden beginnen. Du bist empfänglich, wach, offen, in der Gegenwart.[33]

Erstmalig und einmalig

Neben der Kultur der Unterbrechung gibt es eine weitere Möglichkeit innezuhalten: die Praxis der Achtsamkeit. Mit »Achtsamkeit« wird eine Form der Aufmerksamkeit umschrieben, die sich durch Staunen, Liebe, Hingabe und Sinnlichkeit auszeichnet. Achtsamkeit zu praktizieren heißt, alles so anzugehen, als ob man es zum ersten Mal anpacken und tun würde. Achtsamkeit ist der Ausstieg aus der Routine.

Unsere Sinne brauchen Zeit. Wer sich auf das Sehen, das Hören, das Berühren, das Berührtwerden, das Riechen und das Schmecken einlässt, merkt das schon bald. Wenn wir uns und unseren Sinnen die notwendige Zeit nicht lassen, springt unser Kopf ein und liefert eine Vorstellung bzw. einen Begriff der Wahrnehmung, aber eben nicht die Wahrnehmung selbst. Wir tun so, als ob wir wahrnehmen würden, in Wirklichkeit wiederholen wir eine Vorstellung, die wir uns aufgrund von früheren Wahrnehmungen, von Lektüre oder von Aussagen anderer gebildet haben. Die Routine lebt von solchen abrufbaren Vorstellungen; routiniert wissen wir, wie sich etwas anfühlt und wie etwas abläuft; wir nehmen uns gar nicht mehr die Zeit, uns den Wahrnehmungen zu stellen.

Unsere Sinne schaffen Kontakt; die Vorstellungen und Begriffe verzichten auf den Kontakt. Unsere Sinne vermitteln uns sogar Eindrücke, die sich in ihrer Intensität und Nuancierung der Sprache entziehen; die Vorstellungen und Begriffe hingegen bleiben in der Vorgabe der Sprache, sind also »traditionell«. Die Achtsamkeit lässt uns immer wieder neu erleben. Das zu Beginn des Kapitels angeführte Gedicht von Werner Lutz thematisiert dieses neue Erleben: Jede Erfahrung ist wie der Beginn der Schöpfung, ist wie eine Sprache, die ihre Wörter noch sucht.

Glücklicherweise kennen wir alle den einen und anderen Lebensbereich, in dem wir immer wieder in die Achtsamkeit zurückfinden: Freundschaften, die Beziehung zu den eigenen Kindern und Enkeln, die Partnerschaft, die Küche, der Garten, Ferienorte, die wir aufsuchen, weil wir von ihnen wissen, dass sie uns verwandeln. Lebensbereiche, die bei aller Wiederholung nie zur Routine werden.

Ein einfacher Einstieg in die Achtsamkeit ist für mich das Wandern. Während des Wanderns öffnen sich – wie von allein – meine Sinne. Ich nehme die Pflanzen wahr, die Bäume, die Gerüche, die von den Pflanzen und vom Boden ausgehen, ich höre die Töne, Melodien und Geräusche der Vögel. Vor allem nehme ich auch wahr, wie mich eine Landschaft verändert, während ich mich in ihr aufhalte. Als einen ebenfalls einfachen Einstieg in die Achtsamkeit erlebe ich die Körperübungen in der Tradition des Hatha-Yoga. Wenn ich die Yoga-Stellungen einnehme, ist das für mich ein Dialog: mit meinem Körper, meinem Atem, meiner inneren Stimmung. Es geht mir nicht darum, mich, meinen Willen, gegen meinen Körper durchzusetzen. Im Gespräch mit dem Körper entsteht die Yoga-Stellung. Auch wenn ich im Laufe einer Woche immer wieder dieselben oder ähnliche Stellungen einnehme, sind sie jedes Mal neu. Oder die Atem-Überraschungen: Ein äußerer Blick auf den Atem sieht vor allem die Kontinuität der Atembewegung; ein achtsamer Blick nimmt wahr, wie unterschiedlich sich die einzelnen Atemzüge in ihrer Atemfülle und Atemleere anfühlen, denn Fülle und Leere sind in diesem Zusammenhang nicht quantitativ gemeint, sondern beschreiben die Energie des Atems, seine Lebensverbundenheit.

Solche Erfahrungen ermutigen mich, die Achtsamkeit auch in Lebensbereichen zu pflegen, in denen sie mir nicht selbstverständlich ist. Inzwischen gehört sie vermehrt auch zu meinem Kochen, zur Musik (im Hören und Spielen) und, wie schon angedeutet, zu meiner Lektüre. Als schwierig erlebe ich die Achtsamkeit nach wie vor in gewissen Beziehungen. Wenn ich erlebe, dass ich selbst und mein Gegenüber Mühe haben, aus den eingespielten Mustern herauszufinden, wenn beide eingeübte Rollen spielen und sie nicht aufbrechen können, fällt es mir schwer, der anderen Person achtsam zu begegnen.

Die Achtsamkeit besitzt eine große verwandelnde Kraft. Dies wird vor allem deutlich, wenn es uns gelingt, auch in ganz unscheinbaren Momenten achtsam zu sein. Beispielsweise,
wenn wir einfach so sitzen und eine Tasse Kaffee oder Tee trinken,
wenn wir den Blumen in der Wohnung Wasser geben,
wenn wir am Bett einer uns nahen Person sitzen und sie behüten, sodass sie in den Schlaf findet,
wenn wir am Strand die Wellen zählen, kurz bevor sie sich in den Steinen und Kieseln verlieren,
wenn wir einem Nachbarn signalisieren, dass wir ihn gesehen haben,
wenn wir den Weißdorn am Waldrand davon überzeugen, dass er unseretwegen blüht,
wenn wir den Ärger der Spatzen ernst nehmen und sie beruhigen,
wenn wir in einem überfüllten Bus mit einem Lächeln andeuten, dass es für alle etwas eng geworden ist,
wenn wir eine Geschichte, die wir schon so oft gehört haben, dass wir sie selbst erzählen könnten, als einmalig aufnehmen,
wenn wir am Abend die Morgenmelodie einer Amsel nachpfeifen,
wenn wir meditieren …

Einladungen

In diesem Kapitel ist viel von Unterbrechung die Rede, von Pausen, vom Innehalten. Darin haben Sie bereits Übung, wenn Sie sich im Anschluss an die früheren Kapitel den Einladungen gewidmet haben. Denn mit dem, was die Einladungen Ihnen vorschlugen, haben Sie jeweils Ihren Alltag unterbrochen, sogar die Lektüre dieses Buches. Die Einladungen haben Sie dazu gebracht, bei bestimmten Vollzügen oder Reflexionen länger zu verweilen als üblich. Vielleicht haben Sie im Vollzug der Einladungen sogar Lust bekommen, Situationen, die zu Ihrem Alltag gehören, ebenfalls als Einladungen zu betrachten und sie in der neuen Art und Weise anzugehen.
Lassen Sie sich bewusst werden, dass die Kultur der Unterbrechung und des Innehaltens ungewohnt ist. Das Tempo, in dem wir heute normalerweise leben, die Rhythmen, die unseren Alltag bestimmen, gehen in eine andere Richtung.
Wenn Sie sich Unterbrechungen leisten, liegen Sie nicht im Trend. Sie gestehen sich etwas zu, das heute viele als nicht notwendig erachten. Sie haben einen Weg eingeschlagen, für den persönliches Engagement notwendig ist. – Ich hoffe, dass Sie bereits erleben durften, dass sich die Kultur der Unterbrechung und des Innehaltens lohnt.

Erfahrungen, auch spirituelle Erfahrungen, basieren auf Sinneswahrnehmungen. Bei dieser Einladung geht es um das Sehen.
Schauen Sie sich dort, wo Sie jetzt sitzen, um und verweilen Sie dann mit Ihrem Blick bei einem Gegenstand oder bei jemandem, den/die Sie gern anschauen. Schauen Sie, ohne das Gesehene einzuordnen, zu qualifizieren oder zu bewerten. Bleiben Sie ganz im Schauen.
Lenken Sie die Aufmerksamkeit dann für kurze Zeit auf Ihre Augen, die Ihnen das Schauen ermöglichen. Versuchen Sie zum einen wahrzunehmen, wie das Schauen in Ihrem Auge beginnt und sich bis zum Gegenstand oder zur Person hin ausdehnt. Versuchen Sie zum anderen wahrzunehmen, wie sich das Schauen auch nach »innen« ausdehnt, von Ihrem Auge durch Nervenbahnen in Ihr Gehirn und von dort in Ihr Bewusstsein, in Ihr Herz.
Verweilen Sie mit Ihrem Blick weiter bei Ihrem Gegenstand oder Ihrer Person. Schenken Sie aber Ihrem Blick den eben skizzierten größeren Zusammenhang: Lassen Sie in Ihrem Schauen den Gegenstand bzw. die Person und Ihr Herz über das Auge zusammenkommen. Achten Sie aber darauf, dass Ihr Schauen deswegen nicht verschwommen und unklar wird.
Vielleicht ist es gut, wenn Sie zwischendurch eine Pause einlegen und die Augen schließen.
Verweilen Sie dann wieder beim Gegenstand oder der Person. Wenn Sie nun erneut schauen, lassen Sie sich bewusst werden, was während des Sehens vom Gesehenen ausgeht und was von Ihrem Herzen. Nehmen

Sie wahr, inwiefern Sie beim Sehen aktiv und inwiefern Sie passiv sind. Geben Sie der Vielschichtigkeit des Sehens Raum.
Geben Sie sich die Zeit, sich drei- bis viermal auf diese »umfängliche« Art des Sehens einzulassen. Zwischendurch schließen Sie die Augen.

Es ist empfehlenswert, diese Übung öfter zu wiederholen. Suchen Sie sich jeweils einen anderen Standort. Und/oder suchen Sie sich »etwas« aus, das Ihnen wichtig ist und dem Sie sich schon lange zuwenden wollten. Legen Sie von Zeit zu Zeit Ihr Augenmerk auch darauf, ob und wie es Sie verändert, über längere Zeit etwas ins Auge zu fassen, im Blick zu behalten, ganz Auge zu sein.

Einladung 2 – Ganz Fingerspitze

Diese Einladung nimmt die Einladung 1 wieder auf, nur steht diesmal ein anderer Sinn im Mittelpunkt: der Berührungssinn.
Nehmen Sie dort, wo Sie jetzt sitzen, irgendetwas zur Hand, das in Reichweite liegt; wenn Ihnen gar nichts zufällt, haben Sie zumindest das kleine Buch, das Sie jetzt einlädt … Gleiten sie mit den Fingerkuppen Ihrer rechten Hand über den Gegenstand, nehmen Sie ihn, wenn es sich machen lässt, in die Hand. Berühren Sie, ohne das Berührte einzuordnen, zu qualifizieren oder zu bewerten. Bleiben Sie ganz im Berühren und Ertasten. Probieren Sie aus, ob die Berührung intensiver wird, wenn Sie die Augen schließen und nur Ihrer

Hand vertrauen oder wenn Sie die Sinne, Augen und Hände gemeinsam einsetzen.

Lenken Sie die Aufmerksamkeit dann für kurze Zeit auf Ihre Hände, die Haut Ihrer Hände, die Ihnen die Berührung ermöglichen. Versuchen Sie zum einen wahrzunehmen, wie die Berührung in Ihrer Hand beginnt und sich über den direkten Kontakt zum Gegenstand hin ausdehnt. Versuchen Sie zum anderen wahrzunehmen, wie sich die Berührung auch nach »innen« ausdehnt, von Ihrer Hand durch Nervenbahnen in Ihr Gehirn und von dort bis in Ihr Bewusstsein, in Ihr Herz.

Verweilen Sie mit Ihrer Hand weiterhin im Kontakt mit Ihrem Gegenstand. Schenken Sie aber Ihrer Berührung den größeren, umfassenderen Zusammenhang. Lassen Sie in Ihrer Berührung den Gegenstand und Ihr Herz über die Hand zusammenkommen. Achten Sie aber darauf, dass Ihre Berührung deswegen nicht verschwommen und unklar wird.

Vielleicht ist es gut, wenn Sie zwischendurch eine Pause einlegen und den Gegenstand kurz weglegen.

Verweilen Sie dann wieder beim Gegenstand, den Sie berühren, ertasten, erspüren. Wenn Sie sich nun erneut der Berührung widmen, lassen Sie sich bewusst werden, was während der Berührung vom Berührten ausgeht und was von Ihrem Herzen. Nehmen Sie wahr, inwiefern Sie bei der Berührung aktiv und inwiefern Sie passiv sind. Geben Sie der Vielschichtigkeit der Berührung Raum.

Geben Sie sich die Zeit, sich drei- bis viermal auf diese »umfängliche« Art der Berührung einzulassen. Zwischendurch legen Sie den Gegenstand jeweils wieder zur Seite.

Es ist empfehlenswert, auch diese Übung öfter zu wiederholen. Suchen Sie sich verschiedene Gegenstände und unterschiedliche Materialien aus, erproben Sie die Feinheit und Vielseitigkeit Ihrer Tastsinne.
Unsere Fingerkuppen und Hände sind so fein und vielseitig, weil sie für den Kontakt mit dem eigenen Körper und für den Kontakt mit dem Körper anderer Menschen konzipiert sind. Lassen Sie sich auf diese Berührungen ein. Genießen Sie es, zu berühren und berührt zu werden.

Einladung 3 – Ganz Nase

Diese Einladung nimmt die Einladungen 1 und 2 wieder auf, nur steht diesmal der Geruchssinn im Mittelpunkt.
Stellen Sie sich dort, wo Sie jetzt sitzen, auf die Wahrnehmung von Gerüchen ein. Es ist möglich, dass Gerüche in der Luft liegen, einfach so, es ist möglich, dass sich in Ihrer Nähe Gegenstände befinden, denen Düfte und Gerüche anhaften. Vielleicht müssen Sie sich bei dieser Einladung aber auch im Raum bewegen, um den Gerüchen auf die Spur zu kommen. Gerüche und Düfte sind sehr fein, sie lösen sich schnell wieder auf. Schnuppern, schnüffeln Sie, um die Gerüche aufzunehmen. Probieren Sie aus, ob die Wahrnehmung intensiver wird, wenn Sie die Augen schließen und sich ganz auf Ihre Nase verlassen oder wenn Sie die Sinne, Augen und Geruchssinn, gemeinsam einsetzen.
Lenken Sie die Aufmerksamkeit dann für kurze Zeit auf Ihre Nase, den Geruchssinn, der Ihnen das Riechen

ermöglicht. Versuchen Sie zum einen wahrzunehmen, wie die Wahrnehmung im Innern Ihrer Nase beginnt und sich bis zur Duftquelle hin ausdehnt. Versuchen Sie zum anderen wahrzunehmen, wie sich die Wahrnehmung auch nach »innen« ausdehnt, von Ihrer Nase durch Nervenbahnen in Ihr Gehirn und von dort bis in Ihr Bewusstsein, in Ihr Herz.
Verweilen Sie mit Ihrer Nase weiterhin im Kontakt mit den Duftwellen. Schenken Sie aber Ihrer Wahrnehmung den Zusammenhang mit Ihrem Herz. Lassen Sie den Duft, die Duftquelle und Ihr Herz über den Geruchssinn zusammenkommen. Achten Sie aber darauf, dass Ihre Geruchswahrnehmung deswegen nicht verschwommen und unklar wird.
Vielleicht ist es gut, wenn Sie zwischendurch eine Pause einlegen und den Geruch kurz loslassen, er darf sich verflüchtigen.
Verweilen Sie dann wieder beim Geruch, den Sie erschnüffeln und aufnehmen. Wenn Sie sich nun erneut der Geruchswahrnehmung widmen, lassen Sie sich bewusst werden, was während der Wahrnehmung vom Geruch ausgeht und was von Ihrem Herzen. Nehmen Sie wahr, inwiefern Sie bei der Wahrnehmung aktiv und inwiefern Sie passiv sind. Geben Sie der Vielschichtigkeit des Riechens Raum.
Geben Sie sich die Zeit, sich drei- bis viermal auf diese »umfängliche« Art der Geruchswahrnehmung einzulassen. Zwischendurch lassen Sie den Geruch jeweils wieder ziehen.

Es ist empfehlenswert, auch diese Übung öfter zu wiederholen. Suchen Sie sich verschiedene Orte aus, Innenräume und Außenräume. Und lassen Sie sich überraschen: Unser Geruchssinn besitzt ein außerordentliches Gedächtnis. Düfte und Gerüche können Sie in ganz frühe Erlebnisse zurückführen.

Einladung 4 – Ganz da

Sie haben heute schon mehrere Beschäftigungen hinter sich gebracht, Sie waren tätig. Die bisher letzte Tätigkeit bestand darin, dieses Buch zur Hand zu nehmen, um – weiterzulesen, sich einer Einladung zu widmen, zu blättern, nachzuschauen, wo Sie sich das letzte Mal im Buch aufgehalten haben.
Versuchen Sie sich zu erinnern, ob Sie bei einer der letzten Beschäftigungen in eine Präsenz gekommen sind, die Ihnen bewusst wurde und Sie überrascht hat. Sei es, weil Sie sich sehr ins Zeug gelegt haben, sei es, weil Sie die Tätigkeit kurz unterbrochen haben und auf Distanz gegangen sind.
Sie haben das Buch zur Hand genommen. Schlagen Sie eine Seite auf, die Ihnen bei der Lektüre oder im Nachhinein gefallen hat. Lesen Sie die entsprechenden Abschnitte nochmals durch – wer weiß, vielleicht sogar laut … Lassen Sie sich bewusst werden, wie dieses wiederholte Lesen Ihre Aufmerksamkeit intensiviert und Sie gleichzeitig vom Text löst, als ob Sie den Text aus dem Buch herauslösen und ihn sich aneignen könnten. Kennen Sie den Text schon auswendig? Ist der Text schon in Ihnen?
Schließen Sie das Buch, lassen Sie das Lesen, lassen Sie den Text, verweilen Sie für eine kurze Zeitspanne untätig, einfach so. Lösen Sie sich auch von den Erwar-

tungen, die Sie möglicherweise mit diesem Buch, mit der Lektüre und mit der Lieblingsstelle verbunden haben. Lassen Sie sich einfach sitzen. Nehmen Sie die Lektüre oder die Beschäftigung mit dem Text erst wieder auf, wenn aus diesem stillen Dasitzen selbst der Impuls kommt, nun fortzufahren.

Schauen Sie sich das Buch, das Sie in Händen halten, gut an: Es scheint Ihnen nahelegen zu wollen, dass es Augenblicke gibt, in denen es nicht einmal mehr die Lektüre braucht. Es genügt, einfach da zu sein.

Einladung 5 – Das Herz des Himmels in meinem Herzen

Lesen Sie in einem dafür günstigen Augenblick nochmals das Gedicht *Mysterium* von Rose Ausländer. Die Dichterin beschreibt in einer lyrischen Sprache, was letztlich das Thema dieses Buches ist: die spirituelle Erfahrung.

> MYSTERIUM
> Die Seele der Dinge
> lässt mich ahnen
> die Eigenheiten
> unendlicher Welten
>
> Beklommen
> such ich das Antlitz
> eines jeden Dinges
> und finde in jedem
> ein Mysterium

Geheimnisse reden zu mir
eine lebendige Sprache

Ich höre das Herz des Himmels
pochen
in meinem Herzen
Rose Ausländer[34]

In der ersten Strophe legt sie das Gewicht darauf, dass wir eine Entgrenzung erfahren, sobald wir uns auf das Wesen, auf die Seele der Dinge einlassen. Eine Erfahrung also, die unserem Bemühen, alles genau abzugrenzen, zu ordnen und zu bewerten, entgegensteht. Eine Erfahrung, die auch Angst und Beklemmung auslösen kann. Denn wir sind es gewohnt, ein klares Gegenüber zu haben, dem wir ins Gesicht sehen können. Nach dieser Erfahrung sehnen wir uns, denn sie gibt uns Halt. Statt mit einem klaren Gegenüber bekommen wir es jedoch mit Geheimnissen zu tun. Als Geheimnisse bleiben sie unverfügbar, sind uns aber in ihrer Sprache und in ihrem Herzschlag gleichzeitig vertraut.
Lesen Sie das Gedicht mehrfach, bis sich die einzelnen Wendungen des Gedichts mit Erfahrungen Ihres Alltags verknüpfen: Woher kennen Sie diese Mischung von vertraut und geheimnisvoll, von entgrenzt und verbunden, von kosmisch weit und herznah?
In anderen Einladungen sind Sie der Bedeutung des Herzens schon begegnet. Auf welche Herzen hat sich Ihr Herz schon eingelassen, auch auf das Herz des Himmels? Welche Rhythmen schwingen, welche Obertöne klingen in Ihrem Herzschlag mit?

Einladung 6 – Erstmalig

Lassen Sie sich durch den Kopf gehen, was in den nächsten Stunden auf Sie zukommt. Wählen Sie etwas davon aus, eine Aufgabe, eine Arbeit, eine Begegnung. Malen Sie sich dann aus, wie sich jemand verhalten wird, der sich zum ersten Mal auf diese Aufgabe, diese Arbeit, diese Begegnung einlässt. Die Vorsicht, das Interesse, die leichte Nuance an Abenteuergeist, die Offenheit, die Hingabe, die Wachheit – all das, was mitspielt.
Malen Sie sich dann aus, dass Sie sich mit demselben Verhalten in die Aufgabe, die Arbeit, die Begegnung einlassen. – Was löst diese Vorstellung bei Ihnen aus, etwas wie »beim ersten Mal« anzugehen.
Was müssen Sie sich – innerlich oder äußerlich – organisieren, damit Sie dieses Verhalten auch realisieren? Hüllen Sie die Situation und sich selbst in einen guten Segen.

Wenn es dann soweit ist, gehen Sie ganz achtsam in die Situation.

Schluss
Horizontweit *oder:* Das Licht hinter den Farben

Bezaubernd der Tag
der keinen Kalender kennt
Werner Lutz[35]

Meine Frau des Jahres

Erinnern Sie sich an die Übung, in der es darum ging, auszuwählen und auszuzeichnen, ein Tier, ein Buch, ein Hut des Jahres? In diesem Sinn habe ich auch eine »Frau des Jahres«. Diese Frau hat in den letzten Jahren mehrfach von sich reden gemacht, aber das ist nicht der Grund meiner Wahl. Der Grund liegt ganz einfach in meiner Seminartätigkeit. Ich bin gebeten worden, ein Meditationsseminar auf sie auszurichten. Aus dieser Beschäftigung ist Sympathie entstanden, aus der Sympathie Interesse, aus dem Interesse jene Art von Liebe, die auch mit vielen ungeklärten Fragen umgehen kann. Bei meiner »Frau des Jahres« handelt es sich um Maria von Magdala.
Über sie ist in den letzten Jahrzehnten viel geforscht und publiziert worden, auch Künstler und Künstlerinnen haben zu gestalten versucht, was diese Frau bei ihnen wachruft, Schriftstellerinnen und Filmregisseure haben ihr Leben nachgezeichnet. Der wohl wichtigste Beitrag der Forschung besteht in der klaren

Trennung der Frauengestalt, die als historische Persönlichkeit mehr oder weniger erfassbar ist, von der legendären Maria Magdalena. Die biblischen, apokryphen und gnostischen Texthinweise, gelesen auf dem Hintergrund der Gruppierungen, in denen sie entstanden sind, lassen die ursprüngliche Maria von Magdala und ihr Weiterwirken in den frühen christlichen Gemeinden greifbar werden. Die legendäre Maria Magdalena geht auf Papst Gregor den Großen zurück, auf seinen Versuch, andere Frauen, die in den Evangelien als Maria erwähnt werden, und namenlose Frauengestalten miteinander zu kombinieren. Entstanden ist dabei im Laufe der Jahrhunderte eine lustvolle und dramatische Männerfantasie: eine attraktive, sexsüchtige Frau, die von Jesus geheilt wird, sich bekehrt, Jesus nachfolgt und sich später als Büßerin in die Wüste zurückzieht. Ein weiterer Legendenkranz hat später Maria Magdalena mit der Christianisierung Frankreichs in Verbindung gebracht – Grund für die französischen Wallfahrtsorte, in denen Maria Magdalena besonders verehrt wird.

Die Männer und Frauen, die sich wissenschaftlich mit den Evangelientexten auseinandersetzen, sind äußerst zurückhaltend, erzählte Geschehnisse als historische Fakten zu bezeichnen. Sie wissen darum, dass unser heutiger Wunsch, etwas historisch Nachweisbares in den Händen zu halten, kein zentrales Gestaltungsmotiv für die biblischen Erzählungen war. So sind auch die »Fakten« rund um Maria von Magdala schnell zusammengefasst.

Maria stammte aus Magdala. Magdala war damals eine kleine, pulsierende Stadt am See Genezareth, ge-

prägt von der hellenistischen Kultur. Jesus und seine Jünger haben solche Orte nicht aufgesucht; sie passten nicht in ihr Milieu. Dass der Herkunftsort in der Namensgebung betont wird, mag zweierlei bedeuten: dass Maria auf ihre Art etwas von diesem Ort verkörperte, der als reich und gebildet galt, und dass sie eine selbstständige Frau war – denn normalerweise werden die Frauennamen mit einem Männernamen (Ehemann, Vater, Sohn) kombiniert.
Maria suchte Jesus vermutlich im Zusammenhang mit ihrer Krankheit auf. Es scheint sich um eine chronische, hartnäckige Krankheit gehandelt zu haben – so wird heute die Wendung gedeutet, dass Jesus aus ihr »sieben Geister« ausgetrieben habe –, es brauchte mehrere Einsätze des Heilers Jesus. Um welche Art von Erkrankung es sich gehandelt hat, wird nirgends erwähnt.

Maria gehörte anschließend zur Kerngruppe der Männer und Frauen, die mit Jesus unterwegs waren. Vermutlich führte sie die Frauengruppe an. Maria gehörte zu jenen wenigen, die bei Jesus blieben, als er hingerichtet und in aller Eile bestattet wurde.
Sie lebte eine besondere Nähe zu Jesus. Welcher Art diese Nähe war, wird in der Forschung unterschiedlich dargestellt; sie hängt auch von der Perspektive ab, in der man Jesus sehen will. Auf der einen Seite ist denkbar, dass Jesus und Maria verheiratet waren. Die Tatsache beispielsweise, dass Maria den toten Körper Jesu einbalsamieren wollte, spricht dafür; die Einbalsamierung hatte damals diejenige Person vorzunehmen, die dem Toten am nächsten stand. Auch dass sich so viele Frauen um Jesus scharten, ohne dass er deswegen in

Verruf kam, lässt sich dadurch erklären, dass eine starke Frau an seiner Seite war, die ebenfalls als Ansprechperson galt. Auf der anderen Seite ist denkbar, dass sie beide durch dieselbe Hingabe an Gottes Willen miteinander verbunden waren, verbunden auch in einer radikalen Lebensform, die für die traditionellen Formen wie Ehe und Familie keinen Raum mehr bot. Maria erlebte als erste den Auferstandenen – wie auch immer eine solche Begegnung vorgestellt werden kann oder nicht –, und sie hatte den Aposteln die Tatsache der Auferstehung Jesu mitzuteilen. Dass ihr dieser Platz in den Evangelien zugestanden wurde, obwohl sie in den offiziellen Leitungsstrukturen der ersten christlichen Gemeinden keine Rolle mehr spielte, spricht für die besondere Bedeutung dieser Frau: sowohl im Leben Jesu als auch in der Sehnsucht der ersten Christen, die Vision Jesu möglichst authentisch vermittelt zu bekommen.

Eine ergreifende Stimme

Ein Text, der uns Maria von Magdala nahebringt, ist die Schilderung der österlichen Begegnung von Jesus und Maria in der Gestaltung des Johannesevangeliums. Die Gedankenschritte dieses Textes lassen ihn auch geeignet erscheinen, dieses Buch abzuschließen. Es wird erzählt, dass Maria zum Grab kam und entdeckte, dass der schwere Stein, der das Grab verschloss, weggewälzt war. Diese Entdeckung meldete sie dem Petrus und dem »Jünger, den Jesus liebte«. Die beiden kamen ebenfalls zum Grab, versuchten zu verstehen, was sie sahen, und kehrten wieder nach Hause zurück. Maria blieb beim Grab, erlebte die Präsenz der Engel

und auf deren Frage nach dem Grund ihrer Tränen antwortete sie, sie wüsste nicht, wohin man den Leichnam Jesu gebracht habe.
Es scheint der Erzählung wichtig zu sein, uns eine Maria vorzustellen, die in diesem Augenblick noch mit dem toten Jesus rechnet. Denn ihre Klage wird wiederholt, als sie Jesus begegnet. In ihrer Erwartung auf einen toten Jesus ausgerichtet, erkennt sie Jesus vorerst nicht, hält ihn für den Gärtner dieser Grabanlage und bittet ihn, ihr zu sagen, wohin der Leichnam Jesu gebracht worden ist. Dass in Wirklichkeit Jesus vor ihr steht, geht ihr erst auf, als Jesus sie mit ihrem Namen anspricht. Seine Stimme und ihr Name in dieser Stimme lassen ihr Herz aufgehen. Sie umarmen einander in ihrer vertrauten Art und Weise. Dann löst sich Jesus aus dieser Umarmung, um Maria verständlich zu machen, dass er als Auferstandener in einer neuen Art der Präsenz lebt, nicht mehr sinnlich greifbar wie früher. Und er sendet sie zu den Aposteln mit dem Auftrag, ihnen seine neue Art der Präsenz zu bezeugen.
Mich berührt dieser Schritt aus der selbstverständlichen sinnlichen Nähe im Klang der Stimme und in der Umarmung zum neuen Erlebenshorizont der Auferstehung.
Mir gefällt, dass Maria und Jesus diesen Schritt vollziehen, indem sie zuvor nochmals ihre sinnliche Nähe bezeugen.
Ich bin im Hinblick auf unsere spirituellen Erfahrungen überzeugt, dass sie auf den sinnlichen Erfahrungen basieren und ihren Wert im Spiel mit dieser Basis gewinnen. Dass wir uns eines Tages von dieser Basis lösen, ist möglich, aber es ist nicht unsere Aufgabe, diesen Tag zu bestimmen oder gar ihn vorwegzuneh-

men und eine sinnliche Verarmung mit Spiritualität zu verwechseln.

Die Struktur der Transparenz

In Les Genevez, einem kleinen Ort im Jura, liegt leicht oberhalb des Dorfes eine große, der Maria von Magdala gewidmete Kirche. Seit gut zehn Jahren schmücken diese Kirche zwölf von Yves Voirol gestaltete Fenster, die sich mit den zentralen Erfahrungen der Maria auseinandersetzen. Yves Voirol hat für diese Kirche Fenster geschaffen, die allein von den Farben, den Farbzusammenstellungen und den Rhythmen der Farbanordnungen leben. Es fällt auf, dass er innerhalb eines Fensters die Farben großflächig, aber auch in kleinste Partikel aufgebrochen anordnet. Es lassen sich keine figürlichen Anspielungen ausmachen, die die Fenster einer bestimmten Erfahrung Marias zuschreiben würden; auch die Farben selbst sind in ihrem Stimmungsgehalt nicht eindeutig, zumindest nicht für mich.

Wenn ich von Westen, vom Haupteingang her, die Kirche betrete, bieten mir die ersten Fenster ganz unterschiedliche Farbmischungen. Das eine Fenster wirkt frühlingshaft (jugendlich?) frisch, aufblühend, ein anderes, das von Rosa- und Pinktönen bestimmt wird, fast ein wenig süßlich, in einem anderen wiederum dominieren dunklere Farben, die aber nichts Bedrückendes an sich haben, die eher satt, schwer, gesättigt wirken. Ich weiß nicht, wie präzise Yves Voirol die Fenster einzelnen Erfahrungen Marias zuschreiben will. Für mich sind diese ersten Fenster wie die Facetten eines Frauenlebens in Magdala: Unbeschwertheit, die Kraft der Natur, Wohlstand, all die sinnlichen Wahrnehmungen in einem lebendigen Alltag – wenn da nicht die Krankheit wäre … Ich habe mich auch gefragt, ob die Fenster, die sich jeweils gegenüberstehen, als aufeinander bezogen betrachtet werden müssten; das Nordfenster beispielsweise als Ausdruck einer alltäglichen äußeren Gegebenheit, das gegenüberliegende Südfenster als die innere Reaktion auf diese Gegebenheit. Ich weiß es nicht.

Es sind die drei vorderen Fenster auf der Nordseite der Kirche, die bei mir das Bedürfnis wecken, sie dennoch mit konkreten Lebenssituationen Marias zu verknüpfen. Das erste lebt von Rot- und Lilatönen, an zwei Stellen in der Mitte durch kleinere blaue Flächen und im oberen Bereich des Fensters durch viele kleine fliedergraue Streifen aufgebrochen. In diesem Fenster geht mir Maria auf: in ihrer Liebe, Hingabefähigkeit und Großzügigkeit. Vielleicht, nun meine Fantasie, hat Jesus sie in dieser Kraft gesehen und durch seine heilende Begegnung in dieser Kraft anerkannt. Beim folgenden Fenster dominieren in den oberen beiden Dritteln Gelbtöne, die zwischen Sonnengelb, Zitronengelb und Safran wechseln, dieses dominierende Gelb ist vertikal angeordnet; ihnen stehen im unteren Drittel in einer horizontalen Schichtung ein dunkles Blau, ein dunkles Grau und ein paar wenige Flecken Rubinrot gegenüber. Dieses Fenster bringe ich mit der heilenden Begegnung von Jesus und Maria zusammen, ein Lichteinbruch, der Marias Kraft eine neue Ausrichtung gab, jene Ausrichtung, auf die hin Maria in ihrer Sehnsucht schon Jahre gelebt hatte. Das vorderste Fenster schließlich ist ganz in Blautönen gehalten und gestaltet für mich die Begegnung Marias mit dem Auferstanden. Helle und dunkle Blautöne, Königsblau, Jeansblau, Preußischblau ziehen einander nach oben und hellen sich nach oben zu einem gräulichen Türkis auf. Mitten in diesem vielfarbigen Blau zieht sich ein pflaumenfarbiger Streifen nach oben. Die Farben des Himmels und seines weiten Horizonts heben die bisherige Farbenfülle und Farbenvielfalt auf.

Die beiden Fenster des Chores haben mich bei meinen ersten Aufenthalten in dieser Kirche befremdet. Inzwischen habe ich mich aber mit ihnen angefreundet. Diese beiden großen Fenster sind, im Vergleich zu den Fenstern im Kirchenschiff, farblos. Bei genauerem Hinsehen zeigen auch sie Farbe, aber es handelt sich um Farben, die nicht den Ton angeben: Alabaster, Ricotta, Vanille. Was die beiden Chorfenster mit den Fenstern im Kirchenschiff verbindet, ist ihre sehr lebendige Struktur der Bleifassung.
Falls diese beiden Fenster in den Zusammenhang der anderen Fenster gehören, lässt sich das möglicherweise so deuten: Der Künstler Yves Voirol versteht sie als Fortsetzung des Fensters der Auferstehung. Sogar das Blau des Himmels tritt nun vor dem Licht zurück. Die Sonne, das göttliche Licht, durchstrahlt alles; die Farben von Marias individuellem Leben sind aufgelöst; die Übersetzung in die Farbenvielfalt ist nicht mehr notwendig; geblieben ist nur noch, in leichter Andeutung, die Struktur einer Farbgebung. In Maria ist die Verbundenheit mit Gott derart stark geworden, dass sie, mit ihrer ganzen Geschichte, nur noch durchlässig ist. – Erinnern Sie sich?

Jesus sprach:
Wenn man euch fragt: Woher seid ihr?
Sagt ihnen: Wir sind aus dem Licht geboren,
dort, wo das Licht selbst geboren wird, ist es gut.

Damit sind wir wieder im ersten Kapitel angelangt: bei der Farbigkeit der sinnlichen Erfahrungen. Immer wenn wir uns vertrauensvoll auf unsere Sinne einlassen, ist es wie ein Licht, das uns trifft, anregend in der Berührung, im Sehen, in der Aufnahme der Geräusche, Klänge und Worte, belebend in den Gerüchen und im Geschmack. Im Laufe der Jahre und Jahrzehnte wächst unser Empfinden für das Licht. Irgendwann, es ist nicht an uns, diesen Zeitpunkt festzulegen, beginnt das Licht, verstärkt den Ton anzugeben und die Sinneserfahrungen zu verbinden, auch jene, die im alltäglichen Leben nichts miteinander zu tun haben. Schließlich lässt das Licht die Farben verblassen und kommt als Licht an den Tag.
Wir leben in der Sinngewissheit wie in der Zunahme des Lichts.

Literaturhinweise

Die Gedichte, die die einzelnen Kapitel eröffnen, stammen vom Lyriker Werner Lutz. In seinen Gedichten versteht er es, mit wenigen, sparsamen Worten die Vielschichtigkeit unserer Alltagserfahrungen aufzudecken.

Lutz, Werner: Die Mauern sind unterwegs. Gedichte. Ammann, Zürich 1996
Lutz, Werner: Kussnester. Gedichte. Im Waldgut, Frauenfeld 2009
Lutz, Werner: Schattenhangschreiten. Gedichte. Im Waldgut, Frauenfeld 2002
Lutz, Werner: Treibgutzeilen. Gedichte. Im Waldgut, Frauenfeld 2013

Für eine vertiefende Lektüre bieten sich an:

Peter Wild: Vom Glück vorzukommen. Einführung in die Spiritualität. Grünewald, Ostfildern 2008
Peter Wild: Wer langsam geht, geht weit. Alternativen zur Überholspur. Topos, Kevelaer 2011

Anmerkungen

1 Werner Lutz: Treibgutzeilen. Gedichte, Frauenfeld 2013, 67
2 Peter Wild: Von der Wachheit des Wartens. Robert Lax spirituell gelesen, Ostfildern 2010, 39
3 Werner Lutz: Kussnester. Gedichte, Frauenfeld 2009, 41
4 Audur Jónsdóttir: Jenseits des Meeres liegt die ganze Welt. Roman, München 2011, 124–125
5 Peter Wild: Von der Wachheit des Wartens, 51–55
6 Magdalena Rüetschi: Pascal's Zimmer. Gedichte, Frauenfeld 1992, 9
7 Das Evangelium des Thomas. Übersetzt und kommentiert von Jean-Yves Leloup, Winterthur 2008, 145
8 Das Evangelium des Thomas, 35
9 Robert Lax: Mit Robert Lax die Träume fangen. Hrsg. von Steve Theodore Georgiou, Freiburg i. Br. 2006, 116–117
10 Robert Lax: Journal A / Tagebuch A, Zürich 1986, 127
11 Werner Lutz: Schattenhangschreiten. Gedichte, Frauenfeld 2002, 9
12 Petra Fietzek/Peter Wild: Aus Heimweh nach mir. Suchbewegungen, Ostfildern 2008, 65
13 Meister Eckhart: Deutsche Predigten. Hrsg. von Louise Gnädinger, Zürich 1999, 86
14 Angelus Silesius: Cherubinischer Wandersmann oder Geistreiche Sinn- und Schlussreime. Hrsg. von Louise Gnädinger, Zürich 1986, 228
15 Meister Eckhart, Deutsche Predigten, 23–24
16 Werner Lutz: Die Mauern sind unterwegs. Gedichte, Zürich 1996, 30, 49, 15
17 Werner Lutz: Die Mauern sind unterwegs, 11
18 Robert Lax: Mit Robert Lax die Träume fangen, 120
19 Ulla Hahn (Hg.): Stechäpfel. Gedichte von Frauen aus drei Jahrtausenden, Stuttgart 2008, 42
20 Angelus Silesius: Cherubinischer Wandersmann, 37, 41, 36

21 Franz Fassbind: Apokryph. Gedichte, Olten/Freiburg i. Br. 1989, 242
22 Meister Eckhart: Deutsche Predigten, 91
23 Robert Lax: Mit Robert Lax die Träume fangen, 48–49
24 Franz Fassbind: Apokryph, 104
25 Petra Fietzek/Peter Wild: Aus Heimweh nach mir, 80
26 Siegfried Scharf: Das große Buch der Herzensmeditation, Freiburg i. Br. 1979, 147
27 Karlheinz A. Geißler: Zeit – verweile doch … Lebensformen gegen die Hast. Freiburg i. Br. 2000, 158
28 Karlheinz A. Geißler: Zeit – verweile doch …, 252
29 Werner Lutz: Die Mauern sind unterwegs, 15
30 Karlheinz A. Geißler: Zeit – verweile doch …, 29–31
31 Rose Ausländer: Wieder ein Tag aus Glut und Wind. Gedichte 1980–1982, Frankfurt a. M. 1986
32 Angelus Silesius: Cherubinischer Wandersmann, 44, 203
33 Robert Lax: Mit Robert Lax die Träume fangen, 48–49
34 Vgl. Fußnote 31
35 Werner Lutz: Kussnester, 99